Edited by Ray Fuller

# Seven Pioneers of Psychology

レイ・フラー編

大島由紀夫／吉川　信 訳

# 心理学の７人の開拓者

りぶらりあ選書／法政大学出版局

SEVEN PIONEERS OF PSYCHOLOGY

Edited by Ray Fuller



Japanese translation rights arranged
with Routledge, London,
through The Asano Agency Inc., Tokyo.

# 心理学の七人の開拓者——行動と心理

レイ・フラー（編）

この百年という間に、人間の行動と心理についての我々の理解に対して、これまでに類を見ない、多大な貢献がなされた。ウィリアム・ジェイムズ、フレッド・スキナー、ジャン・ピアジェ、ジグムント・フロイト、コンラート・ローレンツ、ニコ・ティンバーゲン、フランシス・ゴルトン、これらの人物は皆、この理解の発展に主要な役割を果たしている。

フロイトの思想は、我々の自分自身についての考え方を根本的に変え、個性や対人関係について議論するうえで、おそらく最も広く受け入れられているであろう語彙をもたらした。一八九〇年に出版されたウィリアム・ジェイムズの古典『心理学原理』は、出版以来現在までずっと心理学の主流となっている理論・研究方法の見取り図を広げて見せた。フランシス・ゴルトン卿は、遺伝の研究で、また優生学の創始者として、おそらく最も知られた人物であろう。心理学においては、彼は知能に関する最初の調査を行い、言葉の連想テストを考案し、心像について探求した。ピアジェは子どもの知能発達の研究を手がけた。一方、ローレンツとティンバーゲンは動物行動学の創始者である。この行動学は、行動に対して、進化、機能、発生、環境が、等しく互いに関連しあいながら影響をおよぼすことを認める立場をとる。フレッド・スキナーは、行動は元来自然現象であって、心理的・認知的事象に付随するものではないと考えた。彼の分析は、動物の学習についての実験調査に始まり、言語的行動・人間の意識についての理論的分析を経て、行動学的見地からの文化や社会に関わる諸問題の再検討に至るまで幅が広い。
本書の中で、今日の一流の学者六人が、これら偉人たちの貢献を論評している。その論評の仕方は、興味深く、同時にためになるもので、多くの受講者に受け入れやすいものである。

レイ・フラーはダブリンのトリニティ・カレッジの心理学科長である。

目次

# 序

エリザベス一世の設立《ローヤル》許可《チャーター》によって開学したダブリンのトリニティ・カレッジは、一九九二年にその創立四百周年を祝った。数カ月にわたって記念行事として、連続的に学術講演会や懇親会が開かれた。国内国外を問わず多くの来賓が招かれ、客員の学者や卒業生が何千人も訪れ、守衛から学長まで大学の全スタッフが出席し、ときにはダブリンの良民が参加することもあった。こうした催事に対し、心理学科は、懇親会をまったく無視したわけではないにせよ、学術講演会を数回、重点的に行うことで寄与した。この書はその結実である。

心理学の各専攻分野の歴史は、この大学の歴史のやっと四分の一程度で、またこの大学の心理学科の歴史となると、それよりもずっと短く、一九九二年でまだ三〇年しかたっていないから、この古くからの大学に敬意を表するのに一番適した方法はどのようにすることか、我々心理学者には容易に分からない。「徒弟」は自分がどのような優れた仕事をしてきたか、「師」にはなかなか語れないものである。それゆえ、私の同僚たちは次の提案に一も二もなく賛成した。つまり我々が学者たちを個別に招き、講演会を開いて、人間の行動や心理過程についての我々の理解に偉大な科学者がどう貢献してきたのか、各人に話してもらうという提案である。ただどの偉大な科学者を扱うかという問題が生じた。ことを簡単にするために、我々は存命中の科学者を考慮外とし、一九名のリストから、ジェイムズ、フロイト、ピアジェ、スキナー、ローレンツを選んだ。これらの科学者たちの著作の重要性を論じてくれる、功なり名遂げた学者たちを選定する方がずっと簡単であった。そして結局、この書の執筆者——シンガー、ストー、ブライアント、ブラックマン、ハインドに決まったのである。

しかし話はそこで終わらなかった。デレク・フォレストは——トリニティ・カレッジの心理学の教授職に、初めて、ただ一人就いた人物であり、一九九三年に退職した——本書の序文を書くよう依頼されていたが、ゴルトンに一章当てるのが適切であろうと仄めかした。と言うのも、彼によれば、ゴルトンは、後世の者が取り上げ発展させた一連の考え(無意識の心理過程や心象などのような)を、その著書で前もって打ち出していた人物だからである。こうしたわけでゴルトンは、単に本書のなかに入れたのではなく、元々の連続講演に敢えて加え、そしてここに載せた人物なのである。また最後にロバート・ハインドが、ローレンツについての論は、考え方や手法や生き方が互いに非常に綿密に結びついているから、ティンバーゲンと一緒に論じた方が完璧になるだろう、と提案した。このようにして公開の連続講演会は開かれ、一千名以上が出席し、いかなる基準から言っても成功だった。

ゴルトンの偉業は、科学の幅広い分野におよんでいる。探検家であり、地理学者であり、気象学者であり、統計学者であり、人類学者であり、心理学者である彼は、優生学の創始者として、また人間の遺伝についての知識を我々にもたらした人物として、おそらく最も知られた人物であろう。デレク・フォレストが描く「ゴルトン」は、資産家の紳士で、科学者としての創造力溢れる天与の才能を思う存分発揮し、天気図、犯人特定化のための指紋による識別を我々にもたらし、数多くの心理学上の考え方や方法について教えてくれた人物である。こうした業績のなかには、知能に関する最初の調査、心像の探求、言葉の連想テストの創始がある。

一八九〇年に出版されたジェイムズの古典『心理学原理』は、出版以来現在までずっと心理学の主流となっている理論・研究の見取り図を広げて見せたものである。彼は、洞察力をもって、感性豊かに、正確に、注意、記憶、感情、意識の流れのような基本的な問題を扱っている。ジェローム・シンガーの「ジェイムズ論」は、人間の意識の流れに関する研究を、もう一人のジェイムズ、すなわち、ジェイムズ・ジョイスが創作した作品と関連づけている。また同時に、シンガー自身の生涯にわたる仕事と結びつけて、科学的な探求方法を用いながら、この精神生活の基本的な面についての我々の理解を深めようとしている。

フロイトの独創的で説得力のある思想が、我々の自分自身についての考え方を根本的に変え、個性や対人関係について論議するうえで、おそらく最も広く受け入れられているであろう語彙をもたらし、芸術と文学両方に重要な影響をおよぼしたことは、誰も否定できないであろう。アンソニー・ストーの「フロイト論」は、フロイトの性格の偏執的特徴と彼の理論構想との間のダイナミックな関係を明らかにしている。またストーの言によると、フロイトは、動物行動学者と同様に、行動の原動力は本能であるという考えを中心に据えており、こうした立場はダーウィンの思想、つまり、人間は動物界の一部であって、「特別に神の姿に似せて創られた」わけではないという思想がおこした「パラダイムの変化」のゆえに、より一層攻撃に耐え得るものとなったのである。

ローレンツとティンバーゲンは動物行動学の創始者である。この行動学は、行動に対して、進化、機能、発生、環境が、等しく互いに関連しあいながら影響をおよぼすことを認める立場をとる。ロバート・ハインドの「ローレンツ論」と「ティンバーゲン論」は、これらパイオニア的存在の動物行動学者たちの初期の考え方を論じたものである。また、行動についての、彼らの学問領域をはるかに越えた主要問題の探究に、どのように彼らが刺激を与えてきたのかを明らかにしている。動物行動学の発想は、心理学、精神医学、人類学、神経心理学などの学問分野にまで広がっている。

スキナーの思弁的な姿勢は、行動は元来自然現象として考えるべきであって、心理的・認知的事象に付随したものとして考えるべきではないという見解に基づいていた。彼の業績は、動物の学習についての実験調査を行い、言語的行動・人間の意識について理論的分析を施し、応用心理学において行動学的方法を用いることにあった。また、行動学的見地から文化や社会についての諸問題を見直すことも、その中に含まれている。デレク・ブラックマンの「スキナー論」は、スキナーの思弁的立場についての、今日もまだ残っている多くの誤解を明らかにしている。またこの論は、自分の理論を、生活の中で徹底的に実践した教養ある紳士の姿を描いている。

ピアジェは子どもの知能発達の研究を手がけた栄誉を担っている。この問題についての研究は、ほとんどすべて、いまだ彼の考え方が主流となっている。彼の理論——論理的理解力は子ども時代に発展する——は、今なお物議を醸しているが、彼の実験に基づく研究は、子どもの論理的・数学的問題についての解決法が、彼らが成長するにしたがって根本的に変化することを詳細に明らかにしている。ピーター・ブライアントの「ピアジェ」論は、ピアジェの発育についての考え方に対して明晰に批判的に論じ、結論として、彼の探究方法に首肯しうる評価を下している。

トリニティー開学四百年記念でこうした執筆者たちの講演を聴く楽しみを、多少なりとも読者も分かち合ってもらいたいのである。

ダブリン

レイ・フラー、

## 図の説明

# 第一章　フランシス・ゴルトン（1822-1911）

――デレク・W・フォレスト

フランシス・ゴルトン（1822-1911）

チャールズ・ダーウィンのいとこであるフランシス・ゴルトン（一八二二―一九一一）は、バーミンガムのスパークブルックで生まれた。バーミンガム総合病院およびロンドンのキングズ・カレッジで医者としての研鑽を積んだが、ケンブリッジのトリニティ・カレッジでは、医者としての道をはずれ、数学で学位を取った。彼は医学を捨て、エジプト、シリアを旅し、南西アフリカを探検し、帰国すると、王立地理協会から金メダルを授けられ、『熱帯の南アフリカ』（一八五三）を出版した。同年著名な学者たちを家族にもつルイザ・バトラーと結婚した。関心を気象学に向け、高気圧についての理論を打ち立て（『メテオログラフィカ』、一八六三）、最初の天気図を作った。遺伝への興味は一八六〇年代に始まり、その後全生涯にわたる。主要著作『遺伝的天才』（一八六九）と『英国の科学者たち――その性質と環境因子』（一八七四）を出版し、同時に最後の重要な寄稿論文である『生来の遺伝的性質』（一八八九）を出版した。この時には彼の統計学の研究は、相関関係という観念を得、それを人間間の差異に応用するまでに達していた。この発見は、彼が一八八四年に開設した人体測定研究所が行った、人体と心理の測定の大がかりなプログラムから生まれたものである。この研究所が行った研究結果の中で、実用性の点で意義があるものは、指紋が身元証明の理想的な指標であることの発見である（『指紋』、一八九二）。ゴルトンはロンドン警視庁を説得して、この指紋を採用させた。ゴルトンの心理学についての研究は、約一五年にもおよんだ。そしてその研究の多くが、『人間の能力とその発展についての研究』（一八八三）にまとめられた。この書には、単語による連想や心象についての重要な論文が収められている他、感覚の鋭敏さ、合成の肖像画、祈願の効能、自由意志、群居性、動物の環境適応化など、多種多様なテーマが広く扱われている。この研究を通して、彼は個人心理学の樹立者、メンタルテスト発展の発動者としての名声を確立した。ゴルトンは多作な研究者、発明家、博識者であり、三四〇編を越える論文、著書を出している。彼は多くの委員会でその責を果たし、王立協会のコプリー勲章、騎士の称号など多くの賞を受けた。人生の後半は、優生学の擁護に身を捧げた。この言葉は、優れた血統をもつ者を選別して教育を施すことを進めるために、彼自身が作った言葉である。そして彼は、それに関連する研究を広めるために、財産のほとんどを遺贈した。

---

フランシス・ゴルトンは一八二二年に生まれ、一九一一年に死んだ。それゆえ彼が生きた時代は、個人主義と自由主義がどの国よりもイギリスにおいて盛んであったと言える時代である。こうした時代精神《ツァイトガイスト》の中で、彼が個人と個人の間の相違について研究し始めたのは、驚くに当たらないことである。そしてそうした研究によって彼は、心理学史の中で名誉ある地位に長い間就いている。

しかしながらゴルトンを主として心理学者であったと考えるのは間違いである。心理学に関係があると見なされ得る書は、彼が出版した書の四分の一にも満たない。彼が関心を向けた他の分野を評価することが、彼の人となりを理解する上でも、彼の心理学関係の業績をもっと幅広い視野のなかに置く上でも重要である。

成功したクエーカー教徒の銀行員であるサミュエル・ゴルトンと、チャールズ・ダーウィンの伯母のヴィオレッタ・ダーウィンとの間にできた末子のフランシスは、子ども時代その早熟ぶりで名を馳せた。この点でジョン・スチュアート・ミルに比肩すべき人物である。父親の後押しで一六歳の時医者としての研鑽を積み始めたものの、ケンブリッジ大学に在籍していた三年間はそれを中断し数学を専攻した。

大学時代は、強迫神経症による最初の神経衰弱のために、普通学位で卒業することで満足しなければならなかった。この時の状態を彼は、製粉機が頭の中で回っているようだと言っている。瑣末ではあるが、手に負えそうもない諸問題に日夜とりつかれ、そのため知的作業をすべて断念しなければならなかった。中断の後、医学の勉強を再開し、続けることができたが、父親が死ぬと義務の重荷から解き放たれた。それ以降その遺産で自由に生活ができ、雇われ身分となることはこの先一度もなかった。

強迫神経症による苦しみは比較的軽いものではあったが、一生涯彼につきまとい、将来の研究のあり方を定める上で影響を与えた。簡単に数値を計ることのできないデータを扱う時には、常に重い気分に陥ることになり、素材をうまく扱える新しい測定技術を探し求めた。また「数えられる時にはいかなる時にでも数えよ」というのが彼のモットーとなった。その感情に動かされやすい生活をしっかり統御している間でも、あるいは知性の働きによる防御体制をとっている間でも、強迫観念はたびたび姿を現した。

ゴルトンが最初にヴィクトリア朝の科学界の注目を引いたのは、一八五〇年から一八五二年にかけて行った南西アフリカの探検の報告によってである。測量器具と天体観測器具を注意深く使って、未知の地域の地図を正確に作ることができた。この偉業により、王立地理学会は彼に金メダルを授けた。この栄誉を受けたすぐ後、この学会の評議員に選ばれ、また学術クラブへの入会を許され、王立協会の特別研究員にもなった。このようにしてゴルトンの、ロンドンの科学界との関わりが始まった。家庭にそれほど関心をもつこともなく、社交を楽しみながら、彼は数多くの貴重な知り合いを作っていった。そして彼らは後に、彼の研究を推進すべく援助を与えたのである。

アフリカ旅行の報告は、彼の帰国後すぐに一冊の書となった。そこには真に迫った探検の様子が報告されているが、技術に関する詳細な説明は省かれている。しかしただ一つ、測量器具の変わった使い方が記されている。彼は何人かの宣教師とともに滞在していたのだが、一人のホッテントット族の美人に出会ったことがあった。

実に私は科学者なのだ。私は彼女の身体の正確な寸法を知りたいと切に思った。しかしそうするのは困難なことであった。私にはホッテントット族の言葉など一語たりとも分らず、それゆえ私が物差しを使う目的をこの女性に説明することなどできなかった。実際この主人役の尊敬すべき宣教師に通訳してくれと敢えて頼むこともできなかった。私の賞賛の対象は、木の下に立っていた。賞賛されたがる女性がたいていそうするように、周囲のあちこちに体を回して見せていた。突如私の目は自分の六分儀にとまった。すばらしい考えが私の脳裡に浮かんだ。私は上下、横、斜めといった具合にあらゆる方向から、彼女の身体に対して一連の観察と測定を行った。それからいかなる間違いをも犯さないように、彼女の輪郭図に注意深くその数値を書き込んだ。これが終わると、勇気を出して巻き尺を取り出し、私がいる場所から彼女が立っている場所までの距離を測った。基本数値と角度の両方を手に入れた後、三角法と対数を使って結果を出したのである（ゴルトン、一八五三、五四頁）。

ゴルトンは後に、自分自身の旅行と他の多くの人たちの旅行を基にして、さらにもう一冊著書を出した。

『旅行の技術』という題名の下、この書は第八版にまで達し、最近一九七一年に第五刷が出た。この小本は最も創意工夫に富んでいた時のゴルトンを表している。航海、狩猟、釣り、避難、寝具、動物の扱いなどに関して実用的な情報を盛り込んだこの書は、奇妙な情報もところどころにあるが、首尾よくいくようにと、役に立つ情報をこれから旅に出ようとする者に与えている。そのいくつかの例を挙げれば次のようになる。

〈川の浅瀬を渡ることについて〉
流れの速い川の浅瀬を渡る際には、片方の手に重たい石をいくつか持つこと。流れの力に抵抗できるだけの重さが必要だからである。その場合川の深さが人間にとって三フィート、馬にとって四フィートを越えれば、渡ることはできない（ゴルトン、一八七二、一〇七—八頁）。

〈馬とともに泳ぐことについて〉
馬を急斜面の川岸に連れていき、横向きに押して、突如川のなかに入れてしまう。ある程度馬が落ち着くのを待って、自分も飛び込み、両手で尾をもって引かせる。向きを変えようとして馬が頭を他の方向に向けたら、片方の手で馬の顔に水をかける。場合によっては一方の手で尾をもち、もう一方の手で水をかければよい。このようにすれば思うがままに馬を誘導できる（ゴルトン、一八七二、八五頁）。

〈足の膨れについて〉
足が膨れないようにするには、出掛ける前にストッキングの内側に石鹸をつけ、一面に厚く泡を立てておけばよい。はく前に、生卵を割ってブーツのなかに入れておくと、革は非常に柔らかくなる（ゴルトン、一八七二、一九頁）。

〈催吐剤について〉
適当な薬がない場合には、タンブラー一杯分のお湯か石鹸水に一発分の弾薬を入れて飲み、喉に刺激を与える（ゴルトン、一八七二、一五頁）。

〈犬を寄せつけないようにしておくことについて〉
ユリシーズのように地面に静かに座っていれば、見知らぬ人間でも、ふつう番犬は飛びかからないものである（ゴルトン、一八七二、二五四頁）。

さらに熱帯の土砂降りの中で衣類を乾いたままにしておきたいならば、脱いでその上に座っていればよいという簡単な解決法をゴルトンは示している（ゴルトン、一八七二、一一九頁）。

ゴルトンの関心は数学と測定技術にもおよんでおり、そのため地理学の分野で地図作成と気象観測に専心することになった。この点で彼は初めて科学にめざましい貢献をしたのである。彼はヨーロッパの各測候所から得た気圧の観測データを照らし合せ、それを地図化した。おそらく運に恵まれていたのであろうか、高気圧の地域から右まわりの風が吹いてくる状況――当時既に知られていたサイクロンの状況と反対の状況――に連続して行き会った。そして彼はこの状態を「アンチサイクロン」と名づけた。その数年後印刷技術の問題が解決されると、ゴルトンの発明である、現在お馴染みのこの天気図は、初めて一八七五年に『タイムズ』に載ったのである。

地理学や気象学とのつきあいは一生の間続いた。七〇歳代になっても、王立地理協会や気象協議会の諸活動に積極的に関与していた。もっとも彼のかかわり合い方はますます管理者らしきものになっていったが。四〇歳代において、研究の関心は遺伝に集中し始めた。この変化を彼はダーウィンからの影響だと言っている。『種の起源』は一八五九年に出版され、ゴルトンに強い影響を与えた。彼の言では、「この書に接したことは、私の精神史において画期的な出来事であった。この新しい見方は、長い間興味を抱いていた、遺伝についての主要な問題を、幾度となく調査する励みになったのだ」(ゴルトン、一九〇八、二八八頁)。

私は別の書で、もっと個人的な動機も彼の遺伝の研究に影響を与えたかも知れないと書いたことがある(フォレスト、一九七四)。アフリカから帰ってくるとすぐに、ゴルトンは同い年(三一)で、一家が著名な学者のルイザ・バトラーと結婚した。ゴルトンの遺伝の研究が始まったのは、彼自身の結婚が実りある結果を生み出さないことが明らかになった時に相違ない。彼の話によると、何人かの同時代の人たちの家系に、代々学者としての才能が受け継がれているらしいことに気づいたのは、ケンブリッジ大学に在籍していた頃である。しかしバトラーとの結びつきは、大きな期待を抱かせるものであったにもかかわらず、確かに価値あるものをもたらさなかったらしい。そしておそらく、この自分の婚姻の結果についての考えが、もっと広いコンテクストへと広がっていったのであろう。彼は最初の重要な著書『遺伝的天才』（ゴルトン、一八六九）を出版するために、データを集め始めた。この書はまた、彼の心理学の研究の始まりを示すものでもある。そして遺伝論者たちが最も関心を抱く書物を挙げる時、ほとんど必ずこの書が出てくるのだ。

この書のテーマは言うまでもなく、天才は、ゴルトンが後に好んで使った言葉で言えば「才能」は、環境によって決まるのではなく、遺伝によって決まるということである。ゴルトンが初めにぶつかった問題は、いかに調査対象として才能ある人たちを選び出すかということであった。彼の解決法は、優れた才能の持ち主の指標を、社会的名声を勝ち得た人とすることであった。社会的名声をもっている者は死亡欄に載ると考えて、ゴルトンは、『タイムズ』の死亡欄に載っている人の数を数えた。そしてそれを当時イギリス諸島に住んでいた中年の人の数と比較して、こうした名声をもっている者は四千人に一人と推算することができた。彼の書における関心の対象は、こうしたまれなる人々である。典型的なゴルトン流の比喩を用いて、彼は我々に、どのように晴れ渡った夜でも、目に見える星の数は四千個を越えることはないが、自分の被験者たちは、これらの星の中でも最も輝く星と同じくらいまれな存在であると言っている。

法律、政治、科学、芸術、スポーツなどにおける有名人の名簿を調べ、一人一人の親類を辿り、その親類の中で何人が死亡欄に載るほどに輝かしい才能をもったスターたちなのか突き止めることができた。次に、その有名人との血縁関係別に、こうした才能をもった者はそれぞれ何割なのか計算することができた。図1・1は判事を例に取った場合の調査結果を示しており、同様の結果が他の職業の場合でも得

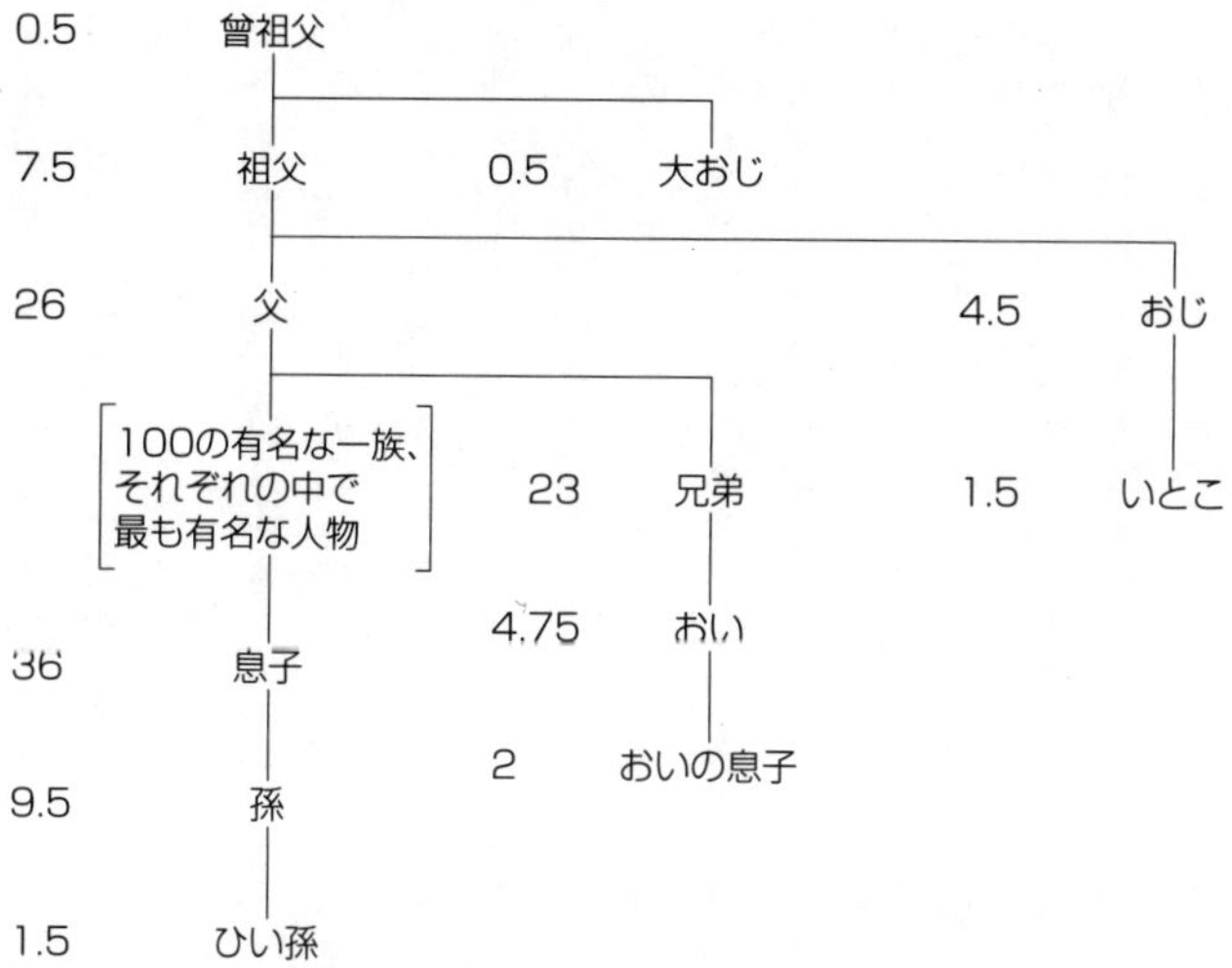


図1.1　有名な一族の中で最も才能に恵まれた人物を基として，その親族関係別に，どれ位卓越した人物がいるのかをパーセンテージで表したもの．出典：「ゴルトン，1869，123頁」より．

られた。それによると、親類の中で傑出しているその有名人で最高値に達するまで、才能は一定の割合で上昇していき、その有名人を過ぎると、一定の割合で下降していくように思われた。「前者の場合には、結婚は才能ある者を生み出す働きをしているが、後者の場合では、その働きを保つことはできないのだ」(ゴルトン、一八六九、一二三頁)。

その統計に規則性があることから、ゴルトンは自分がある法則を発見する寸前にあるのだと確信するに至った。そして実際、後に彼は、個人の全遺伝形質のうち半分は、二人の両親から受け継ぎ、四分の一は四人の祖父母から受け継ぎ、さらに遠い祖先でもこれに則った割合となるという法則を記した(ゴルトン、一八九八)。今日この法則は奇妙に思われるが、しかし銘記しておかなければならないことは、メンデルの業績の再発見がなされたのは、一九〇〇年になってからであるということである。そして遺伝のメカニズムの発見は、その後ゴルトンのすべての研究努力——人間についての統計処理に加えて、スイトピーや蛾の品種改良など——からはずされてしまうのだ。

言うまでもなく、『遺伝的天才』の素材となった優れた人物の親類のなかには、この優れた人物とは異なる人生の道で名を遂げた者がかなりいる。ゴルトンは、人生において成功を収めるのに必要な、遺伝によって受け継がれる三つの特徴を指摘できると思った。すなわち、知能、熱意、困難な仕事に対する耐久力である。これら三つを取り合わせて受け継ぐ限りにおいて、この優れた者の親類は、彼らなりの社会的名声を得るであろうとゴルトンは考えた。

彼の被験者が人生の成功を収めていることに対して、相対的に環境がどれほど寄与しているのか、査定ができないことをゴルトンは十分承知していた。五年ほどたって、双子を使えば環境と遺伝とをうまく切り離すことができるのではないかという考えが彼の心に浮かんだ。アンケートを通して、彼は満足感を覚えるほどに、次のことを証明することができた。すなわち、一卵性双生児の場合、二卵性双生児とは異なり、互いに別の人生を送っても、能力、趣味、気質は生涯非常に似通ったままでいるということである。彼は次のように書いている。

同じ社会階級に属していたり、同じ国に住んでいる人々に関して、育てられ方が異なっていても、彼らの間に見出されるものが共通している時には、育てられ方よりも自然のほうがはるかに大きな力をもっていると結論せざるをえない（ゴルトン、一八七六、四〇四頁）。

「同じ社会階級に属していたり、同じ国に住んでいる人々に関して」という条件は極めて重要である。これはゴルトンの結論を批判する多くの者が見逃してきたものである。そして、ゴルトン自身も時々忘れてしまったらしいと言わなければならない。

『遺伝的天才』の第二部でゴルトンは、どの才能においても必ず見受けられる個人個人の間の大きな違いについて書いている。そして、特殊な才能の多少に応じて人々を序列化でき、またそれぞれの位置にいる人々の数を数えることもできるはずだと主張している。この議論は、ベルギーの天文学者ケトレの研究結果を一部敷衍したものである。ケトレは、天文学者の観察の過ちはガウス曲線、すなわち「標準曲線」に近づくことを発見し、それに加えて、身長とか胸囲といった様々な身体測定の結果も、同じような分布になることを発見した。そしてゴルトンは、そうであれば頭の大きさや脳の重さや神経繊維の数も、標準分布ということになるだろう、ではこういった組織に依存している諸機能についても、標準分布になると考えるのは大きな飛躍であろうか、と論じている。

こうした仮定はうなずけるものではあるが、それを応用するとなると大きな困難が伴うものであった。ゴルトンは才能を――少なくとも彼が関心をもつような高いレベルの才能を、直接見つけることができなかった。それゆえ今まで見てきたように、才能をもっているかどうかの判断基準として、社会的名声をもってくることで満足しなければならなかったのである。しかしこれはつまるところ、いかなるタイプであれ、才能を等級化するというよりは分類化することになった。彼は通常の陪審長の才能といったような、段階のずっと下のほうに属する人々のありうべき特徴を記そうとした。そして彼は人間の一番下の段階に位置するものは、犬のトップクラスよりはるかに劣っていると確信したのである！

後にゴルトンは、感受性と知的能力との間に関連があるのかどうかをも考察した。確かに彼は「相違に対する感覚が強ければ強いほど、判断力や知能の活動できる領域は広い」（ゴルトン、一八八三、二七頁）ことは明らかだと思っていたが、彼の見解は、二人の知能遅滞の少年が苦痛に対する感受性をもっていなかったという報告に基づいたもので、こうした関連について直接的な証拠を得たわけではない。ゴルトンは感覚を尺度として知能をテストするつもりであったと度々言われるが、しかしこのようなことは彼の脳裡には浮かばなかったと私は思う。これから見るように、言うまでもなく、こういったことは彼の人体測定研究所の存在理由《レゾン・デトル》ではなかったのである。

ゴルトンは最高度の知性を、基準を定めて評価することがなかなかできなかったが、それは今日の我々にとっても同様である。いかなる方法であれ、一元的な方法では、知性に恵まれた人々の特殊な才能を相手にした時には挫折するように思える。一方、アルフレッド・ビネーが成功したのは、その作業の性質によるところ大かも知れない。この作業で編み出されたものは「非知性」のテストと呼ばれたもので、パリの教育行政が、義務教育を受けている子どもたちの中から、それを受けても彼らの利益にならない子ども、したがって特殊学校に行く必要がある子どもを選別するためのものであった。このように彼は、適切な選別をするに当たって、単純作業が効果的な、低い段階の末端部分を対象としたのであった。

標準曲線が知能にも当てはまるというゴルトンの洞察は、非常に大きな影響を今までに与えてきている。知能テストを作成する全過程で、テストの点数を確実に標準曲線にするよう、ある項目を落としたり、ある項目を変えたりする時がある。というのも、そうした場合にのみ、個々のＩＱを平均的集団から相対的にどれほど離れているか知る尺度と解釈できるからである。

自分の研究がどのような意味をもつのか、初めからゴルトンにとって明らかであった。もし有能な人々の間で、早期の結婚を推し進める方策が採られていたら、国民の才能の平均値に大きな影響がでてくるであろうと彼は考えた。その一例として、彼は次のような事柄を挙げている。もし才能あるカップルが才能をもたないカップルよりも一一年早く結婚したら、たった二世紀経っただけで、前者の豊かな知力をもつ子孫の数は、後者の子孫の数よりも、二六対一の割で上回るであろうというものである。こうした早期の結婚を推進するために、ゴルトンは政府が有能なカップルに対して奨励金を出し、それほどでもないカップルには援助しないことを提唱した。もう一つの提唱は、同じくらい実行の可能性のないものであるが、優れた才能の一族から出た者には、職歴の上で一歩先んじられるように、競争試験の際に点数の上で手心を加えるというものである。これらの提唱は、ゴルトンが政治に対し無垢であり、一般市民に対する共感が欠如していることを反映しており、後に彼がとった、遺伝の改良、すなわち彼が言うところの優生学についての考えを色あせたものにしている。

優生学の考え方が、ゴルトンの心の中で最も重要なものとなった。これは彼にとって一つの信仰となり、キリスト教信仰を失ったことで残っていた心の穴を埋めるものとなった。そして他の者にとっても、彼らの神に対する信奉が揺らいでいるがゆえに、同じ目的を果たすとゴルトンは考えた。

実際優生学は、将来において宗教上の正統教義に是非ともなろうとしてきた。というのも優生学は、自然の営みと協調するからだ——自然がやみくもに、緩慢に、無慈悲に行うことを、人は慎重に、手早く、思いやりをもって行うだろう（ゴルトン、一九〇九、四二頁）。

優生学についての提唱を実行に移すためには、まず第一に、民衆の現在の精神と身体の状態を知ることが必要であった。そうした場合にのみ、こうした変革が好ましいと考えられ、それへのコンセンサスが得られる可能性がある。しかしながらゴルトンは、健康、活力、才能といった望ましいものについては、変革のコンセンサスが得られることに疑念を抱く余地はないと考えた。奇妙なことではあるが、これらに彼は男らしさと礼節の尊重という二つの資質を加えた。とはいえ、男性女性両方ともにこうした資質を示すことが求められるのかどうかは明らかにしなかった（ゴルトン、一九〇九）。

当初の試行錯誤の後、ゴルトンは必要なデータの収集を、研究所を通して行う方法を採った。彼は自費で人体測定研究所を設立した。これは一八八四年から一八八五年にかけてロンドンのサウス・ケンジントンで行われた、国際健康博覧会の開催に合わせて開設されたのである。その名前の示す通り、彼はこの研究所を人体測定の中心地とするつもりであった。ここでの測定は組織だった大がかりなもので、身長、座高、体重、腕の長さ、肺活量、張引力、圧縮力、パンチのスピード、反応の時間、視力、聴力、色の識別、長さの判断などが測定された（ゴルトン、一八八四）。この心理学者は、こういった測定が心理学上の目的を視野に入れていると考えたが、それは彼の誇大妄想である。実際はゴルトンは、ただ人間のバランスシートを作り、構造や機能のバリエーションがどの程度か知りたいと思っただけである。言うまでもなく人類学者たちは彼のこの仕事を自分たちの領域内のものだと考え、ゴルトンを自分たちの会長に招いた。彼は一八八五年から一八八九年までこの地位に就いた。

この研究所は来訪者数という点から見れば成功だった（開設以来一年で一万名ほどに達した）ので、ゴルトンはこの足場をより永続的なものにしようとした。研究所はサウス・ケンジントン博物館の敷地内に設置されていたが、博覧会が終ってからもさらに八年間存続したのである。この間人体の測定結果を記録する機会がさらに生まれ、手の大きさや指紋の測定も含まれた。どちらも直接心理学上の重要性をもってはいないものの、二つの重要な結果を研究所は生み出した。データを調べていく中で、いかなるものであれ、人体測定から得られた二つの変数間の結合が、祖先と子孫の間の類似度を測ろうとした時に行き会ったのと同じ問題を呈しているのに気づき、ゴルトンは愕然とした。当時の作業で彼は、回帰係数にたどり着いていたのである。そして、突然インスピレーションがひらめいて、彼の人体測定の変数は、どちらもそれ自体変わり得るものとして示さなければならないことに気づいた。この時、彼の最も重要な統計上の貢献である相関係数に行き着いたのである（ゴルトン、一八八八）。

この研究所が生み出したもう一つの副産物は、個人の身元証明に関わる分野である。人体各所の測定において、そのいくつかに明白な相関関係が存在していることを確認した時、アルフォンス・ベルティヨンが編み出した犯人の身元確認の方法が最適ではないことが明らかになった。この方法は様々な個所の身体測定に基づいていたが、そのうちのいくつかは、個々独立したものでないことが明らかになったのである。ゴルトンは、身元を明らかにする、一人一人の独自の特徴を探し求め、遂に指紋を思いついた。彼の研究所の被験者から指紋を採取することで、指紋を分類する方法を編み出し、関係当局に犯人の身元確認の際それを用いるよう説くことができた（ゴルトン、一八九二）。一八九四年にロンドン警視庁はその方法を、試行結果を基にベルティヨンの方法と併用して導入し、E・R・ヘンリーが改良を加えた後、一九〇一年に単独の鑑定方法として用い始めた。

人体測定研究所は他の機能も果たした。すなわち、他の研究者たちに刺激を与えたということである。類似した研究所が、オックスフォード大学、ケンブリッジ大学、イートン校、ダブリンのトリニティ・カレッジに開設された。トリニティ研究所は巡回方式をとり、長期休暇を利用してアイルランド西部を回り、比較的孤立した民族からデータを集めた（フォレスト、一九八六）。人類学者A・C・ハドンは、アイルランドの研究所の陰の推進者となった。彼は後に、W・マクドゥーガルやC・S・マイアズや、W・H・R・リヴァーズなどがメンバーとなった、名高いトレス海峡探検隊の隊長を務めた。ゴルトンの人体測定の方法に影響を受けた人物として、もう一人ジェイムズ・マッキーン・キャテルがいる。彼の最初の「知能テスト」は、大部分ゴルトンから生まれたものである（キャテル、一八九〇）。このようにゴルトンの模範が背景にあって、コロンビア大学の伝統の顕著な特徴となった、使い方が簡単で正確な知能テストが生まれたのである。

『遺伝的天才』出版の一八六七年から、人体測定研究所設立の一八八四年にかけて、ゴルトンは非常に独創的な、創意に満ちた心理学の研究を行った。この研究の大半は、『人間の能力とその発展についての研究』（ゴルトン、一八八三）にまとめられた。この書は、すべての人にとって興味あることが載せられてあるがゆえに、あらゆる心理学者が留意すべき書である。また付け加えて言うが、現代においても大いに再版の必要がある書である。

おそらく一八七六年に行ったのであろう、ゴルトンの有名なポール・モールでの散歩は、多くの心理学者にお馴染みのものであろう。この時彼は、目の前の物事や景色から連想するものを呼び起こそうとした。当初彼にとって連想は自由に操れるもののように思われ、彼はその連想網の広がり方に感嘆の念を抱いた。しかし繰り返し散歩をした後、そうした思いは薄らいでいった。その連想網が比較的固定化しており、度々同じ刺激が同じ反応を引き起こすことが分ってきたのである。曖昧な心のなかの現象が、「偏りのない統計的調査によるしっかりした把握」（ゴルトン、一八七九、一五〇頁）によりとらえられるかどうか確かめるための実験方法が、彼の心に浮かんだ。このようにして、言葉による連想テストが初めて編み出された。

彼の連想を起こす語の選択は最適ではなかった。それは『ロジェのシソーラス』の冒頭の百語であり、意味の不明確な語、抽象的な語も含まれていた。彼はこの辞書の紙面を、別の本を置いて隠し、その状態から無作為に単語を一語一語引き出してみては、四秒間だけ待って何らかの反応を示そうとした。そしてこの実験の全過程を、三回、一カ月置きに繰り返した（フォレスト、一九七七）。ゴルトンは刺激となる語とその反応の両方を分類しようとしたが、ほとんど結果は出てこなかった。彼は刺激となる語が抽象的な意味の場合、言語的反応が起ることのほうが多く、またそうでない語の場合には、視覚的イメージ、あるいは運動的イメージとなることを示すことができた。また彼の人生において、どの時期に連想が最初に形成されるのかという観点からの分析では、これよりも遥かに実りのある結果が出た。彼は実験例の約四分の一において、次の事実を確認し示すことができた。すなわち、子どもの頃に形成された連想は、後に同じリストを使って検査しても繰り返し出てくるようであるが、最近形成された連想はそれほど定まっておらず、検査によってまちまちであるということである。そしてこの結果から彼は、「我々の連想を固定化するのに、早期教育が大きな効果をもつ」と推論した（ゴルトン、一八七九、一五八頁）。

ゴルトンは彼の言う「心理測定の実験」について、十分説明した書を一度も出さなかった。彼はキーガン・ポール社と交渉して、このテーマについての書物を出そうとしたが、二年後に、実験結果が処理しきれないほど多いという理由で断った。彼がどのような結果を捨てたのか分れば興味深いであろう。ゴルトンはまた、刺激としての語のリストも、その連想の結果も公にすることはなかった。

自分自身のことを一つ一つ並べ立てて、公表するのはあまりにばかばかしいことであろう。そうすれば、奇妙にも鮮やかに人物の思考の根本がさらけ出され、おそらく世間に公表したくないところまではっきりと、ありのままに、精神構造が明らかになるであろう（ゴルトン、一八七九、六二頁）。

この論文は次のような先見の明のある言葉で結ばれている。

これらの実験が残す最も奇妙な印象はおそらく、半意識の心理が行う作業が多様であるということであろう。またこれらの実験が、意識層の遥か下に沈んで働く深層の心理作用――他の方法では説明の付かない精神現象を説明する――が存在することの、人に信じさせるだけの正当な理由を示すということであろう。

この論文が雑誌『ブレイン』に載った事実からして、またジグムント・フロイトがこの雑誌に寄稿し、同じ年に同雑誌の別の号から出されていたヒューリングス・ジャクソンの論文を引用している事実からして、フロイトがゴルトンの論文を読んだ可能性がある。当時（一八七九）フロイトは、まだブリュッケとともに組織学の研究をしており、それから三年間は、アンナ・Oの症例に関するブロイアの報告を聞くことはなかった（ゲイ、一九八八）。彼はゴルトンの発見について一度も言及していない。催眠と暗示を使った初期の試行段階から、精神分析の自由連想が徐々に発展していったことに、ゴルトンの発見が何らかの役割を果たしていたかどうかは想像の域を出ない。

ともかくも、他の研究者たちはゴルトンの後を追った。ヴンツの研究所が一八八二年に一定条件の下での連想の実験を行い、その後キャテルが一八八九年に自由連想についての論文を書いた。キャテルは、自由連想は「驚くべき、しかし必ずしも満足がいくとは限らない方法で精神生活をあからさまにする」（キャテル、一九五〇、五三七頁）と言っているが、この言葉からでも、彼がゴルトンの恩恵を被っていることは明らかである。後にユングも、一九〇六年から連想テストという言葉を用い、臨床治療の手段とした。しかしもちろんフロイトは、これより一〇年も前から自由連想を使っていた。

この後すぐゴルトンは、心象を調べることで心理測定の実験を続けた。この作業は偶然の出来事から生じた。言葉による連想の結果について科学者仲間と話し合っていた時、彼の言う視覚的イメージとはどのような意味なのか、彼らのなかに分らない者がいたのである。個人個人によって心象が異なっていることは、有効な研究テーマになるように思えた。そして彼はアンケートを作った。

おそらくゴルトンの「朝の食卓」は、彼の「散歩」よりもはるかに知られたものであろう。回答者に出した最初の問いで、その日の朝の食卓のような輪郭のはっきりしたものを目に浮かべ、その明度、鮮明度、完全性、色合い、広がり具合を答えるよう求めた。回答の幅の大きさは顕著で、完全に心象が欠如しているものから、幻覚と言えるようなイメージまであった。この結果の統計処理はたいしてためになるものではない。とはいえ、回答者であるその科学者たちはイメージを浮かべる力が弱く、それは彼らがいつも抽象的な思考を相手にしているからだという彼の結論（ゴルトン、一八八〇）には、確かにうなずけるところがあるように思える。

ゴルトン自身、鮮明なイメージを浮かべられる人間ではなかったが、彼が「数字の形態」の存在を明らかにすることができたことは、この調査が強い感受性に基づいていることを窺わせる顕著な例である。彼はこの言葉を用いて、想像力に恵まれている少数の人たちが、数字を視覚イメージ化する様々なパターンを説明した（図1・2）。このこと、そしてまた、アラビア数字の人格化と色づけ、および通常人の共感覚と、通常人の幻覚の発生についての彼の著述は、今なお今日的な話題となるような面白さをもっ

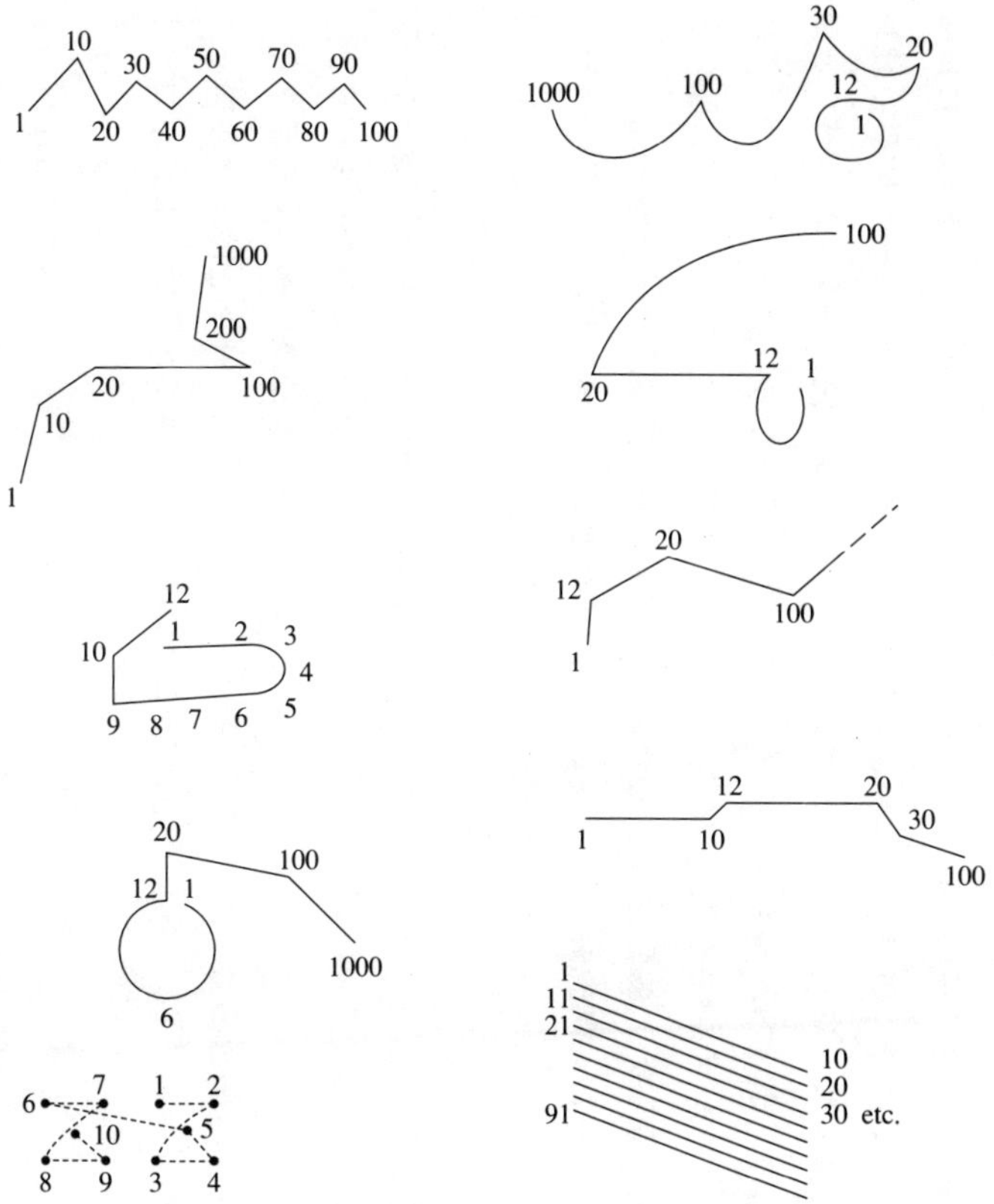


図１．２　様々な数字の形態
出典：「フォレスト，1974，153頁」より．

ている（ゴルトン、一八八三）。ゴルトンの他の内省的な作業には、たとえば次のような、様々な自己観察が含まれている。

一　自分自身で自分の呼吸の自動調節を乱した時の結果
二　自分が出会ったすべてのものに、スパイという属性を想像の上で加えることによって、自分の心のなかにパラノイアを引き起こす試み
三　神に対する畏敬の念を「パンチ」の絵に対してもつことによって、偶像崇拝を理解する試み
四　自由意思をもっているかどうか調べるための、六週間にわたる絶え間ない自己観察

フランシス・ゴルトンの他の側面は、多作な発明家ということであり、人間行動の鋭い観察者・記録者であるということである。彼は新しい錠やランプ、印刷電信機、ロータリー・エンジン、ウェイヴ・エンジン、太陽光線を信号化するヘリオスタット、潜水用眼鏡、人体測定装置を発明したが、その発明品のなかには心理学に関係のあるものがいくつかある。一番よく知られているのは、「ゴルトンのホイッスル」である。これは早い頃に設立された心理学の各研究所の一般的な備品となった。これには目盛りがついていて、聴覚の限界時の高周波数が測れる。ゴルトンはこれを杖にしのばせ、取っ手のなかのゴム製の球状スイッチを押して動かした。それゆえ動物園で様々な動物たちの聴力を測る時、目立たないままにしておけたのである。「ポケット・レジストレイター」は様々な複雑さの度合いを測る計算器で、ポケットに隠して指で動かすことができた。この方法によって秘かに統計を取ることができた。たとえ

ば、聴衆の落ち着きのないしぐさの頻度を数えることで、彼らの退屈さの度合いの推定値を出した。また英国の美人地図を作るために、様々な街の美少女の相対的な存在率さえ出したのである。「高速映像器」はいくつかのタイプがあるタキストスコープで、ゴルトンはそれを使って動物の動きを「凍結」し、被験者がその像を見て後で描けるようにした。「複合写真」は、様々な人種、家系、特定の病の患者、犯罪者、菜食主義者等、人間の様々なタイプの平均的代表者像をいくつか得るために作ったものである。彼はまたそれを使って数枚の写真を合成させて、個々のタイプの真の代表者像一つを得ようとした。

こういったアイディアが彼の頭脳から次々に湧き出た。そのなかにはばかばかしいものもあるが、今なお実行してみる価値があるものもある。ただこのエネルギッシュな創造力がただ一つの分野に向かっていたら、何が達成されたであろうか。ゴルトンの性格からして、一つのものに集中することは不可能であった。その偏執性によってデータ収集の戦いに明け暮れはしたが、その後の取り扱いに関してはぞんざいで、また努力といった点でもすぐあきてしまった。一つの科学に専心することができずに、彼は多くの科学に手を出した。そして手を出したものを解明したのである。彼はかつて、「偉大なる人物は少年期が長い」と語った(ゴルトン、一八六五、三二六頁)が、この言葉は、ナイーヴさ、精力、一時的情熱といった点で確かに彼に当てはまった。我々は心理学者として、心理学に関わるいくつかの事柄に、彼が数年間心を傾けたことに感謝しなければいけない。またその数年間を考えれば、人間の行動と心理の理解に貢献した歴史的主要人物についての本書に、彼の名前を含める価値はあるのである。

# 第二章　ウィリアム・ジェイムズ（1842-1910）

——ジェローム・L・シンガー

ウィリアム・ジェイムズ（1842–1910）

ウィリアム・ジェイムズは、一八四二年ニューヨークシティーで、メアリー・ウォルシュとヘンリー・ジェイムズとの間に生まれた。両親は息子四人と娘一人の五人の子どもをもうけ、ウィリアムはその長男であった。ウィリアムが生まれてから一年あまりで、弟のヘンリーが生まれた。息子の方のヘンリー・ジェイムズは、おそらくアメリカ史上最高と言える小説家・短編小説家となった人物である。その作品には、『貴婦人の肖像』、『鳩の翼』、『使者たち』、『ボストン人』、『ねじの回転』、『アスパンの恋文』などがある。父親のヘンリー・ジェイムズは、悠々自適な生活を送れるほどの財産をもつ、神秘的で曖昧な作風の哲学的逍遙派作家であった。そしてこのように、アメリカの知性の歴史における二人の巨星の父親であった。

ウィリアム・ジェイムズは芸術と医学を学び続け、一八六九年にハーヴァード大学で医学博士号をとった。学位を取る前、彼は広くヨーロッパを旅行し、その後著名なルイス・アガシッツとともに、ブラジルに調査旅行に出かけた。人生の大半、定期的に訪れる鬱状態と身体の不調に悩まされたが、一八六九年から一八七五年にかけてハーヴァード大学で着実に科学者としての才能をのばし、学者としての地位をのぼっていった。ハーヴァード大学では、解剖学と生理学を教え、その一方で当時学問として形が定まっていなかった心理学の分野に足を踏み入れようとした。彼が皮肉を込めて言ったように、彼が教えた最初の心理学の講義は、彼が受けた最初の講義でもあった。

一八七八年はジェイムズの結婚の年であり、同時にヘンリー・ホルト社と『心理学原理』の執筆契約を結んだ年でもあった。彼は五人の子どもの父親となり、熱心な大学教師・研究者としての活動を続けた。平衡神経系統と人間の運動機能についての実験調査を行い、同時に様々な精神療法に関する研究の道を開拓した。一八八九年ハーヴァード大学の最初の心理学の教授として研究所を創設したものの、ますます哲学に傾倒しため、この研究所をヒューゴ・ミュンスタバーグに譲り渡した。彼のプラグマティズムと人間の意志・志向性についての研究、および著名な著書『宗教的経験の諸相』は世界中の知識人の心を揺り動かした。

一九〇九年ジグムント・フロイトがアメリカに来てクラーク大学長G・スタンリー・ホール（かつてのジェイムズの教え子である）の求めに応じて、精神分析の講義を行った。フロイトとジェイムズは何回か長時間にわたる個人的な話し合いをもち、このことはウィーン学派の医師たちの励みとなった。残念ながらジェイムズは、そのちょうど一年後に死去した。

ウィリアム・ジェイムズの功績は、言うにも余るものがある。実際彼は、洞察力のある、（父親の神秘性とは対照的に）率直で精神的に健全で、直截な方法を使って、調査に値する人間心理のあらゆる面を見極めた。彼は「社会の大きなはずみ車」としての習慣について著し、また学習理論の基礎を築いた。そしてまた彼の感情に関する著述は、この一世紀の間、心身問題の研究者に刺激を与えている。さらに個々人の思考の流れの性質についての彼の研究は、初めて一世代の大作家たちの創作意欲をかき立て、意識の流れという文学様式を生み出させた。この様式は現在、小説・短編小説はおろか、映画やテレビの脚本にまで影響をおよぼしている。この鉱脈が開かれ、そこに横たわる心理学研究のための豊かな資源が掘り起こされたのは、ごく最近になってからのことである。

自我についての研究では、ジェイムズは当時の考え方をはるかに凌駕していたように思われる。一九五〇年代になってようやく心理学者たちは、自我の多様な現われ方についての研究に潜在的価値があることを認めたのだが、すでにジェイムズはそれについての概説を記し、さらに大きく発展した研究計画の基礎としていた。

我々は生物体の諸相や、後に哲学書を通して初めてジェイムズが探求した意志と志向性についての実存主義的問題の諸相を、引き続き考察することができる。彼はまた「戦争の道徳的等価物」という考えを提唱した。これは青年層が国内・国外を問わず行うべき奉仕活動についての構想だが、アメリカでは一九六一年に初めて平和部隊という形で実を結んだ。またビル・クリントン大統領は全国的な奉仕団体を組織するための土台として、この考え方を提起している。

ウィリアム・ジェイムズの金字塔である『心理学原理』（ジェイムズ、一九五二）が出版されてから、優に一世紀以上が過ぎた。今日のテレビ時代後のテキストブックは派手で、多彩な色合いの写真、漫画、クレバーボックスがつき、イラストに対して本文の割合が少ない。それとは異なり、ジェイムズの六八九ページの二巻本は、どちらも言葉の増殖のなかに、脳の図や錯覚を説明するためのスケッチが、ほんの少し埋め込まれているだけである。しかし何という言葉の豊かさであろうか。メタファーが豊富で、日常生活や臨床の事例を数多く挙げ、ほとんどすべての著名な欧米の思弁的・経験的な精神科学の研究書に対して、批評・分析が施されている。この学識にあふれた傑作は、百年前にこの書を探求した強靭な精神の持ち主たちにとって心躍るものであったに違いないが、今日読む者にとっても同様である。彼の弟のますます入り組んでいく散文体とは対照的に、この書が明晰で直截な会話体で書かれているために、ウィリアム・ジェイムズのほうが優れた作家で、ヘンリー・ジェイムズのほうが優れた心理学者だと皮肉を込めて言う者もいるのである。

しかしながらこのような比較は、言うまでもなくウィリアムにとって不当なものであろう。この著書で数章を使って、彼は脳、習慣、意識、自我、感情、注意、知覚、本能について記しているが、彼が説明したこれらの事項は今日も、神経科学、動機づけ、感情、学習、意識、社会的認識について心理学上の探査を行う場合によく問題にされるものである。百年以上もの間、アメリカの心理学者たちは、ウィリアム・ジェイムズを自分たちの国のなかで最も優れた、最も著名な心理学者と認めてきた。実際彼は、アメリカの卓越した、最も影響力のある哲学者の一人、プラグマティズムの創始者、知的思索を機能主義へと方向づけた最初の人物として、それに見合うだけの地位を保っている。アメリカ心理学会はこの数年間アメリカ郵政公社に対し、彼の肖像を切手の図柄にして、彼の重要性を認めるように働きかけてきた。しかし最近公社は、ジェイムズがきっとその乾いたユーモアの一端を使って感謝したであろう実用主義的姿勢を見せて、一足飛びにエルヴィス・プレスリーの像の切手を発行した。そしてそれは一日で売り切れてしまった。

ジェイムズの思想を網羅して書くことは、一つの章で収まりきるものでは決してない。そのかわりとして私は、ジェイムズの思想がもつ四つの領域を選び出した。一九一〇年代から六〇年代にかけては、行動主義や動物研究が心理学の主流であったために、彼の思想のこの四領域は幾分無視されていたのだが、今世紀後半になって再評価され、それについての研究が深まってきている。この四領域とは(一)思考の流れ、(二)自我意識、(三)想像、(四)感情、である。私の取り上げ方は、このますます深まりつつある諸研究の内容を要約することではない。むしろ私自身が関わった、かなり最近の研究[1]について記すことである。この研究はウィリアム・ジェイムズが投げかけた諸問題が今日いかに重要であるかを示すものであろう。心理学に関わった彼の人生や仕事の意味あいをより詳しく論評したものとして、私は次の学者たちの著書、論文、モノグラフに読者の注意を喚起したい。ヒルガード(一九八七)、マクラード(一九六九)、マイアズ(一九八六)、ナトソーラス(一九八七、一九八八、一九九二)、テイラー(一九八三、一九九二)。

## ウィリアム・ジェイムズ、ジェイムズ・ジョイス、思考の流れ

ダブリンにいるならば、ジェイムズ・ジョイスをもって書き始める以上に適切ないかなる書き方があろうか。彼は意識の流れを成り立たせている思考の脈動についてのウィリアム・ジェイムズの壮大なヴィジョンを、文学における最高度の表現方法にまで行き着かせた。ジェイムズの『心理学原理』では、思考の流れに関する章は、テクストのごく初めのほうに置かれているが、これは戦略的に心理学を、人間存在の中心である精神生活と意識を扱う学問として、重要視していることを強調したいがためである。

しかしながら、この問題に関してジェイムズが美文で書いた一章は、重視されたものの、約七〇年間心理学の研究にほとんど影響をおよぼしてこなかった。これは多分体系立った研究方法がほとんどなかったためであろう。また動物研究と、「客観的」行動主義に皆の目が向いていたため、個人の経験を扱うことは、科学的な心理学の探求にそぐわないと考えられていたからであろう。本論で私は、最近の意義ある理論、研究方法、発見を取り上げる。これらを見ることで、自分自身の意識の流れを認識する上で生じる諸問題を、現在の心理学研究がどのように扱っているかが分る。最近の研究についてより詳しく解説したものは他にもあるので、ここでは基本的理論と最近の実験調査に絞って述べることとする(シンガーとコリジャン、一九八七。シンガーとボナンノ、一九九〇)。

まず初めに、意識の流れがどのように働くのか、その例を見てみたい。次に掲げるのは、ジェイムズ・ジョイスの『ユリシーズ』からの一節である。この一節を挙げるのは、心理学的に興味を引く数多

くの問題を含んでいるし、同時に今世紀の卓越した英語散文作家ならではの、詩的でドラマティックな美しさも併せもっているからである。興味のある読者は、ポープ（一九七八）やハールバート（一九九〇）の著書に見られるような、心理学者が集めた「実在」の人物の思考の流れの諸例と同類のものを、ここに見ることができるのである。

『ユリシーズ』の冒頭で、芸術家志望のアイルランドの青年スティーヴン・ディーダラスは、窓から海を眺めながら、最近の母親の死についてのイメージに延々と浸り、その記憶を呼び起こし、内的独白を行う。彼女が死の床で懇願したにもかかわらず、以前捨てたカトリック信仰に戻ること、彼女のために祈ることを拒絶したのを思い出しているのだ。

朝の静けさのなかで、階段口から彼のみつめる海のほうへ森の影が音もなくただよい移っていった。岸の近くから沖にかけて、鏡のような水面が白くなった。軽い靴をはいて走る足が蹴ちらかしたかのように、暗い海の白い胸。からまりあう強勢音節が、二つずつ。竪琴の弦をかき鳴らす手がもつれる和音をまぜあわす。白い波頭に組みこまれた言葉たちが暗い潮にほの光る。

雲がしだいに太陽を覆いはじめ、湾をかげらせ、いっそう深い緑に変えた。苦い水をたたえたボウルが目の下にある。ファーガスの歌。ぼくは家のなかで一人でその歌を歌った。長いくぐもる和音をおさえながら。母の部屋のドアをあけておいて。ぼくの歌を聞きたがったから。ぼくは怖れと憐れみに打たれて、黙ってベッドのそばへ行った。母はみじめなベッドのなかで泣いていた。あの言葉がね、スティーヴン。愛の苦い秘義のことどもにっていうのがね。

いまはどこに？
母の秘蔵の品。古い羽根扇、麝香の粉を振った、飾り房のついたダンスカードの束、鍵をかけた引出しの安物の琥珀の首飾り。娘のころ、家の日あたりのいい窓につるしていた鳥籠。母は《怪傑ターコー》のお伽芝居で、あのロイスが歌うのを聞いた。彼がこんな歌を歌うと、みんなといっしょに大笑いした。

《これなるおいら、
いつでも、どこでも、
姿を消すは思いのままさ》

まぼろしの歓楽は折りたたまれた。麝香の香りに包まれて。

《もはや顔をそむけて思いまどうな》

安物の品とともに折りたたまれ、自然の記憶のなかにしまいこまれた。さまざまな記憶が思い悩む彼の脳髄にまつわりついた。母の聖体拝領が近づくと、台所の水道栓から汲んだコップの水。暗い秋の夕暮れに、芯をくりぬき、赤砂糖を詰め、暖炉の台の上で母のために焼いた林檎。子供らのシャツのしらみをつぶした血で赤く染まった母の形のいい爪。

夢のなかで、黙って、母は彼のそばに来た。ゆるい死衣にくるまれた痩せほそった体が蠟と紫檀の匂いをただよわせていた。おし黙ったまま、秘密の言葉を語りながら吐きかける息は、かすかに濡れた灰の匂いがした。

死のなかからみつめる母のよどんだ目が、ぼくの魂をゆさぶり従わせようとする。ぼく一人をみつめて。苦しみもだえる母を照らす臨終の床の蠟燭。苦痛にゆがんだ顔を照らす青白い光。みんながひざまずいて祈っている時、母のしゃがれた大きな息遣いが恐ろしげにぜいぜいと鳴った。母はどうでもひざまずかせようとして、ぼくを見据えた。《百合ニ飾ラレ輝ク証聖者ノ群ナンジヲカコマンコトヲ、歓ビ歌ウ童貞ノ群ナンジヲ迎エンコトヲ》。

幽鬼よ！　死肉をしゃぶり食らう者よ！

いやだ、お母さん！　このまま生きさせてくれ。

（ジョイス、一九三四、一一）（『ユリシーズ』丸谷才一他訳、集英社）

認知と感情を扱うときの現代の心理学研究の立場から、この箇所を調べてみよう。この箇所は、才能豊かな文学青年の言葉遣いによって、朝日が照らす波と水面というホメロス的なメタファーに移し換えられてはいるが、その始まりは本質的に知覚体験である。次にその知覚反応は、連想によって言葉に、そして死の直前にスティーヴンが母親に歌ってやった歌のメロディーらしきものに変わる。その結果連想は、直接の知覚体験から一層離れたものになる。つまり、昔の信仰を取り戻してくれと、ベッドのなかで泣きながらスティーヴンに懇願する母親のイメージが、母親の寝室で彼が見出した若い時の彼女の面影や、子どもたちに対して彼女が母親らしく振るまっている昔の思い出のイメージとなり、その後意識の深層からよみがえった、母親が死装束姿で現れた夢の記憶となり、そして家族の他の者たちが膝をついて祈っている時に迎えた彼女の臨終のイメージとなる。自分は死者を裏切ったのだという思いが心に浮かぶが、次に心のなかで、「ほっておいてくれ。このまま生きさせてくれ」と叫び、他者と結びつき、交わらなければならないというプレッシャーをあくまではねのけ、どこまでも自分の自律性を主張し、自分の創造力を発展させようとする決意を見せる。

スティーヴン・ディーダラスは、初めに個人的な内面を巧みに綴ると（この箇所で、単に見ることから、言葉とイメージを用いることへと変化する）、すぐさま、母親や家族との結びつきや彼らに対する愛の要求と、どこまでも独立独歩で自分の道を進もうとする思いとの間の葛藤を映し出すイメージに打ちのめされる。これらすべては彼の思考のなかで行われる。そして次に、最初に捕らわれたあの各イメージが氾濫しようとするのを懸命に統御し、方向づけようとしなければならない。[2]

この例は、私が以下この章で扱ういくつかの問題を明確に指し示している。人間として我々はその注意の方向を、外界の環境を調査分析することと、自分の現在の思考の流れに目をとめることとの間で、絶えず変えていかなければならない。この過程で我々は、まずこの新しい外界からの情報を、すでにできあがっている記憶の枠組みに組み入れ、意味を付与する（クライトラーとクライトラー、一九七六）。次に我々は、記憶した事柄や空想した事柄、未来のありうべき出来事や自分の姿を認識するようになり（マークスとニュリアス、一九八六。クリンガー、一九九〇。シンガー、一九六六、一九七五）、これらを何らかの方法で統御し方向づけなければならない。

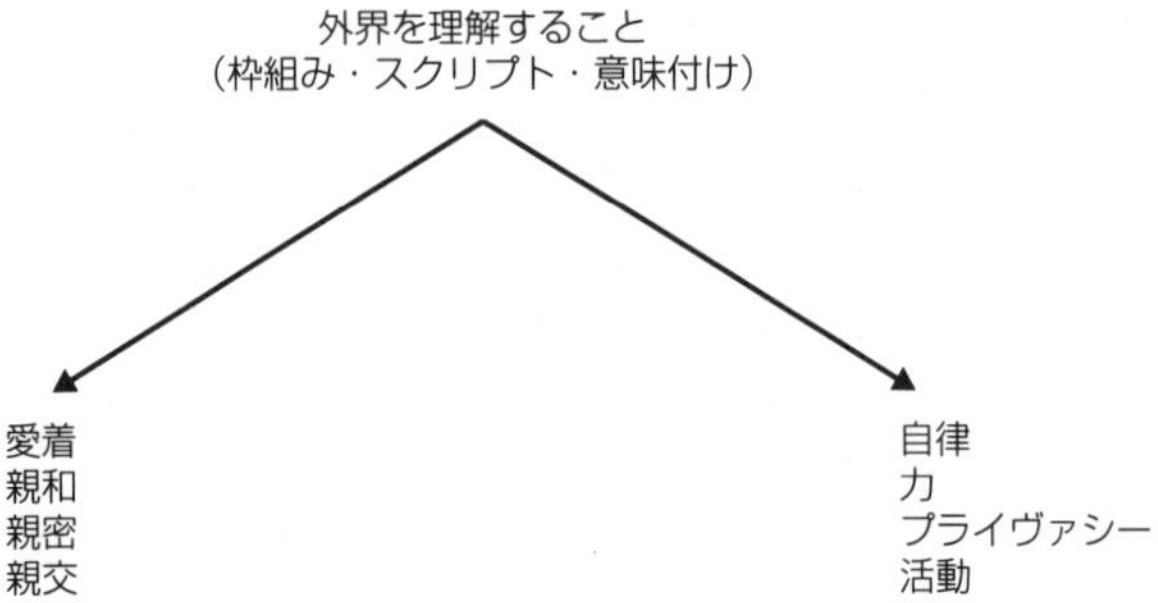


図２．１　心理の支配的動機
注：「シンガーとボナンノ，1990」も参照のこと.

現代の認知心理学は、一九六〇年代に支配的であったフロイトの見方、すなわち、性本能・攻撃本能といった生物としての本能につき動かされる人間観に重きをおかなくなった。そのかわりに我々が第一に考えるのは、外界を理解することへの動機づけ、そしてまた、新しい情報を系統立てて、すでにできあがった認知の枠組みや心的スクリプトに送り込むこと、あるいは言葉による意味づけや命名による分類に送り込むことへの動機づけである。図２・１に示したような、この支配的な心理的要求について考える時、現在の多くの発達心理学者や性格の理論家の間で意見が一致している、人間の動機づけの二つの恒常的特徴を我々は明らかにすることができる。

人間はその生存期間の各段階において、たびたび拮抗しあう二つの力の均衡を得ようと悪戦苦闘している。その力の一つは「愛着」、つまり人との交流を求める願望であり、自分よりも大きな社

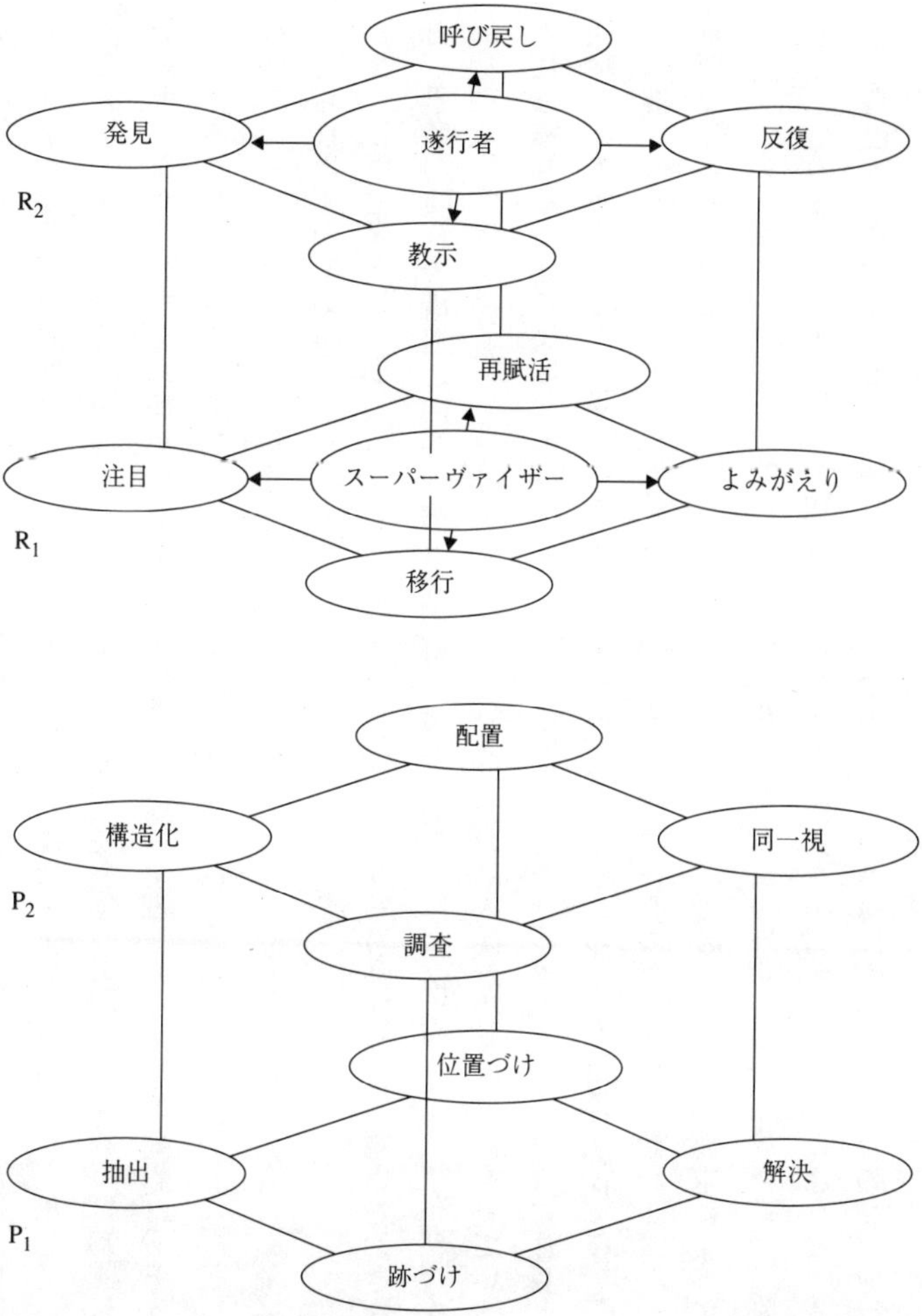


図2．2　記憶体系の構成要素
出典：「ジョンソンとマルトハウプ，1992」，より採用．

会・民族・宗教という組織体の一部でありたいという願望である。もう一つは、「自律」への欲求である。自律とは自分が活動しているという感覚、自分の技量・才能を発揮し、表出しているという感覚である（シンガー、一九八八a）。現在考えられている記憶過程の構図、すなわち、知覚による処理から、長い間に確立された記憶体系による素材の処理へと移行するという構図の発想は、そうした素材が古いものであれ新しいものであれ、絶えず形を変えているという発想とともに、ジョンソン（一九九〇）が提唱したもので、図2・2に示してある。この図は、ジョンソンとマルトハウプの共著（一九九二）からとられたものである。

こうした記憶モデルを、図2・1に掲げたように、より一層動機づけに重きをおきながら考えてみると、思考の流れの構造と内容の両方を理解する途が得られる。例として挙げたジョイスのスティーヴン・ディーダラスの意識を再び見てみると、我々は初めに、彼が物憂げに海を見ている様子を目にする。これは純粋に知覚の反応である。しかし彼は詳細な点をチェックしたり、それに注目したり、またこの経験を命名することで分類し始めたりした後（ジョンソンとマルトハウプの$P_1$と$P_2$レベル）、直ちにこの「海」のイメジャリーを、彼個人のもっと広い記憶の枠組みに当てはめ始める。そして彼はこの最も重要な認知動機によると同時に、母親や家族への親近感、愛着への内面的要求によって考えに耽り始める（ジョンソンとマルトハウプの$R_1$と$R_2$レベル）。しかしこの穏やかな帰属意識は、別の動機、独立することへの要求、つまり強靭な知性（カトリックの儀式を拒否するといったような）をもち、芸術家として自己実現を図ることへの強い要求を生み出す。この葛藤は密かに彼の心のなかで行われるため、たとえ彼のそばにいても、身をのり出してマーテロ塔の部屋の窓から海を眺めていた若者が、「堂々とした」丸々太ったバック・マリガンの朝食の呼び声に、突然耽っていた幻想から呼びさまされるといった風にしかとらえることができないであろう。

## 夢想と思考の流れについての経験的調査

我々が見た文学作品の例は、二つのモデル（動機づけモデルと認知モデルであり、双方ともに経験的調査から得られた）の枠内では説得力をもち、理解可能のように思われるが、科学者としての心理学者にしてみれば、多くの技術上の問題が依然として残されている。我々専門家としての任務の一つは、ジェイムズが『心理学原理』のなかで述べているように、正確で測定可能な、他者に応用できる方法で現象の範囲と多様性を記すことである。そして、たとえば知覚的意識と夢想の間を行ったり来たりするような現象が発生した時の「随伴的な」状況が、どのようなものかを調べようとすることも必要である。

### アンケートによる調査

私がこの分野の探究を始めたのは、通常の成人が耽る夢想についての、経験に基づく調査を初めて行おうと思った時である。この時は最初に一連のアンケートによる調査を行ったが、まもなく別の実験的調査の一つを行い、その結果夢想が意識の流れの特徴であることを認めた。シンガーとアントロバス（一九七二）は、一二項目の質問と二二の尺度をつくった。各尺度とも、被験者に自己申告してもらった様々なパターンの内的経験と、いくつかのタイプの夢想を評価するために編み出したものである。またこの想像過程項目表（ＩＰＩ）は、様々な年齢層からサンプルを集めた、相異なるいくつかの調査で因子分析にかけられている。

簡潔に言うと、数多くの調査によって明らかになったことは、たいていの人は少なくとも毎日のいくらかの夢想を自覚していると答えているということ、また彼らの夢想が、たとえば願望に満ちた素朴な「夢物語」から、恐怖と罪悪感を生じさせる経験についての複雑で錯綜した幻想まで、かなり幅が広いということである。またこれらのアンケートにより、夢想の頻度と型に文化の違いがあるということが明らかになっている。一連の因子分析の調査によって明らかになったことは、少なくともＩＰＩの評価尺度に従えば、流れゆく思考を特徴づける三つの主な因子があるということである。すなわち（一）積極的、建設的な夢想の型、（二）罪の意識と不快な気分を伴う夢想の型、（三）一般に次々と別のことを考えることが特徴となっている、一つの夢想に集中できない注意力散漫型（シンガーとコリジャン、一九八七。シンガーとボナンノ、一九九〇）。ジャンブラは（一九七七a、一九七七b）、以上の調査で見出されたこの因子パターンに類似したパターンがあることを証明し、のみならず広い年齢層にわたって同じ傾向を発見した。さらに、この尺度に則して再検査法によって得られた夢想の報告の信頼性をチェックして、驚くほどにそれが高いことを発見した。

信頼性の高い、計量心理学的によくできたアンケートを用いても、依然として問題が残る。それは個々の回答者が移りゆく自分の経験の内容や特定の夢想の頻度などを、実際正確に要約しているかどうかという問題である。ここで我々は、アンケートの回答にある程度の妥当性があるのかどうかを確かめるために、流れゆく思考についての他の推定値や、他の形態の自己申告に目を向けなければいけない。

このようないくつかのデータを調べてみると、アンケートによる自己申告の回答は、同一の被験者たちに関する限り、次の諸点と相関性があることが分る。

一　信号検出作業中に見られた夢想に似た思考
二　外からの客観的な信号を検出しないほどに深い想像行為
三　熟考中のいくつかの特定の型の眼の動き
四　思考サンプルのなかの言語を分析した際に見られる、特に目立った類推の使用
五　いくつかの特定の形態の麻薬やアルコールの使用
六　報告された性行為中の空想、日々の夢の記録、幻覚、心的外傷を受けた古参兵のフラッシュバック、催眠術のかかりやすさ、など（シンガーとボナンノ、一九九〇）

我々自身のアンケートおよび同種のアンケートから得られた多くの証拠によって、計量心理学による研究方法が、次の点においてかなりの有効性をもつことが分った。すなわち、心のなかで生まれた中心的情報を処理する際の優先順位づけについての認識とその仕方には、個人個人に違いがあるということをこの研究法は確認しているという点である。

**作業と無関係な思考の侵入に関する実験調査**

同僚のジョン・アントロバスと私は、流れゆく思考のいくつかの特徴を推定するためのやり方を開発

した。外部からの刺激を最大限に「抑制」する方法を用いながら（いくらか人為的な面が加わるか、おそらく「生態学的妥当性」が減るというマイナス面があるが）、我々は被験者たちを、防音を施し刺激を減じたブースに座らせ、長時間にわたり信号検出のための「監視」を行わせた。しかし外部からの刺激の量を調整できるがゆえに、被験者たちが外部の信号を処理すること（正確な信号検出結果を出すことで、彼らは報酬を得る）から、連綿とした彼ら自身の脳の活動によって生まれるであろう諸事を処理することへと、どれほど注意を移すのか決定する作業がまだ残っている。たとえ被験者が、外部の信号を処理しようとする強い動機をもっているとしても、作業とは無関係に侵入してくる思考（TUIT）に彼らが浸ってしまっていると証明できる状況を、我々は確認することができるだろうか。

このような研究方法で、聴覚信号の検出の間、被験者に作業を中断させ（一五秒ごと）、作業とは無関係な思考が生じたかどうか質問し、「イエス」ならばTUITと記録する。もし被験者と実験者が前もって話し合い、作業とは無関係な思考とはどのようなものか共通の定義をもっていたならば、実験者は、被験者の報告が定めた作業上の定義に多少なりとも沿っているという、筋の通った納得が少なくとも得られる。たとえば「あの音は一つ前の音より高いかな。そんな風に聞こえるが」という思考は、作業に関係するものとみなし、言うまでもなくそれが一つの思考であっても、ノーの答えとなる。また「土曜の夜のデートのために、車のキーをとってくるのを忘れないようにしよう」という思考は、TUITと記録される。

この探究方法では、被験者をかなり長時間にわたってブースのなかにとどめおき、信号検出の作業（音は一秒に一回の割で提示される）をさせながら、一五秒おきに作業と無関係の思考の侵入が生じたかどうか報告させる。そうすることで、TUITの発生頻度について、かなり幅広く情報を集積できる。また、これと信号の提示速度、作業の複雑性、被験者の心理状態の他の特徴との関係に関しても同様のことができる。

この信号検出モデルにより、認知処理の性質を概括できるが（シンガー、一九八八b）、そればかりでなく、思考の型に関わる個人個人の相違について調査することもできる。アントロバスら（一九六七）は、頻繁に夢想に耽ると自己申告している人々について調査した。このような人々は、夢想に耽ることはほとんどないとアンケートに答えた人々と比べて、ブースのなかに入って信号検出の作業をこなしているうちに、次第にTUITを報告する機会が多くなっていく。

信号検出のための「監視」中に生じる流れゆく思考について、被験者を規制して調査をしてみると、思考の流れの決定要素を推定する機会が十分に得られる。信号検出のためのブースに入る前に、異常な驚くべき情報（戦争の勃発に関するニュース報道を立ち聞きさせる）を与えると、信号検出の正確さにはそれほど影響がでなくとも、TUITの量は増加することがある（アントロバスら、一九六六）。

聴覚・視覚の信号検出モデルやヴィジランス・モデルを用いて、作業を途中で何回か中断させて被験者から報告を得る調査により、次のことが確かめられた。すなわち、信号が〇・五秒に一回という高頻度で送られる場合や、信号の情報の密度が濃い場合には、被験者が極めて高い検出率に達しても、作業時間の五〇パーセント以上TUITの報告があるということである。実際、外部信号とTUITの処理は連続しているばかりか、平行していることも証明することができた。つまり、外部信号が（光のような）視覚的なものである場合には、視覚的なTUITは言語的なTUITに比べて減少し、外部信号が聴覚的である時には結果は逆になる。このことから言えることは、特定の感覚に関わる心象を用いた我々の夢想のプロセスは、外部信号を処理するのに必要とされる頭脳回路と同じ回路を用いるということである。実験室内で絶え間なく会話を行わせるという別の調査をしてみると、流れゆく思考が適度にめざめて、ヴィジランスを維持する性質をもつことが分る。またこういった思考は、身体の姿勢や社会環境といった要因に左右されることも分る。たとえば実験者と被験者の性が異なっていると、信号検出の間TUITの報告が著しく増加する（シンガー、一九八八b。シンガーとボナンノ、一九九〇）。

## より「自然な」環境での思考のサンプリング

覚醒時の意識的な思考の特徴・決定要素を確定する方法が開発されていくなかで、信号検出用ブースの厳密な規制を犠牲にしても、生態環境的な適切さを追求する方法がますます使われるようになってきた。これらのなかに、次のようなものがある。（一）規制した環境のなかで一定時間、被験者に声に出して思いのままに話をしてもらい、既に経験的にあるいは理論的に得られたいくつかのカテゴリー別に、この言葉を記録する、（二）被験者に一定時間座ったり、横になったり、静かに立ったりしてもらい、その間定期的にそれをとめて、その間の思考や知覚活動について報告してもらう、（三）被験者に新たな一連の思考が生じたならばボタンを押して合図してもらい、それを思い出してもらって言葉で報告してもらうか、様々な思考の特徴を記した評定表を用意して、それに記入してもらう。

適度に規制した環境のなかで思考のサンプリングを行うと、流れゆく意識に影響を与えたり、それを特徴づけたりしうる様々な条件の評価が可能となる。被験者の言葉は次の特徴について見ていくことで記録できる。(一)まとまっていて連続性のある思考か、それとも発展性のない混乱した思考か、(二)イメージや、関連するエピソードや、事象の記憶データが使用されているか、それとも論理的で意味体系をもつ構成であるか、(三)目下の関心や実現していない意図について言及しているかどうか、(四)過去の出来事を回顧しているか、それとも未来への指向が見られるか、(五)内容が現実的か、それともあり得ないことか

私の学生たちが出した二つの調査結果をここに挙げることができよう。ポープ(一九七八)は、被験者がのんびりと歩いている時よりも横になっている時のほうが、また人といる時よりも一人でいる時のほうが、長く連続した思考を行うし、また現在の状況から離れた内容の思考を行うことを示した。ザッカリー(一九八三)は、快いものであれ、不快なものであれ、思考のサンプルをとる直前の感情経験が思考に対して行う役割を評価した。経験の感情的誘発性よりも経験の強烈さのほうが、そして程度としてはそれほどではないが、その経験の内容が明晰であるよりも相対的に曖昧であるほうが、その思考の流れの再発を決定することを発見した。

またこれらとは別の研究によって、サンプリングにおいて合体するその各思考の素材の決定要素として、目下の関心が相対的に重要であることが明らかになった。「目下の関心」とは、ある特定の目標を追い求めようとしてから、その目標を成し遂げたり、あきらめたりするまでの心理状態と定義づけられる(クリンガー、一九九〇)。思考のサンプリングを行う前のある時点での目下の関心を推定するなかで、我々は目標の誘発性の尺度、価値的及び時間的に階層化された諸々の意図の相対的重要性の尺度、目標到達の実現性に対する被験者の認識の尺度、など——これらの尺度の推定値を得る。明白であるように

思われることは、個人の思考・感情・行動のサンプリングを通して、このような目下の、意識的に達成していない意図の範囲と影響力を探求して初めて、無意識的な願望・意図の影響力を推測することができるということである。

この一〇年間に、実験室外で思考サンプリングを行う調査への興味がかなり高まってきている。現在の研究のなかには、二週間もの長期にわたってデータを集積するものがある。これは呼び出し器具（ポケットベル）をもち歩いている被験者が、一日に数回信号を送られた時の自分たちの思考、感情、その時の行動について報告を行うものである（チキスゼントミハリとラーソン、一九八四。ハールバート、一九九〇。クリンガー、一九九〇）。データを調べてみると、この方法が実行可能であること、基本的な記述データを集積するのに適しているばかりか、仮説を検査してみるにも適していることが明らかになる（チキスゼントミハリとラーソンが行った一〇代の若者を対象とした調査のように）。

このアプローチの一例は、実験以前に被験者がいだいていた、親密な人間関係についての空想を評価した調査に見られる。親密な人間関係を築こうとする動機に関して低い点数の者よりも高い点数の者のほうが、サンプルとして集めた報告のなかで、人間関係について思考したことを報告するし、人間関係のなかでプラスの感情的反応を示したことを報告する。これらのデータは、一週間の間に集めた、一日八回の報告に基づいたものである（マックアダムズとコンスタンシャン、一九八三）。

集積した思考のサンプルは、過食症患者やパニック患者といった、病床にある人たちを調査する場合にも有効であった。この場合、思考が繰り返し現れる時間、場所、その場の状況が、意味あるデータを生み出した（シンガーとボナンノ、一九九〇）。個々のケーススタディにおいて私が気づいたことは、通常人の意識している時の流れゆく思考のサンプル中に、その後の夜に見た夢にでてきたと彼らが話すメタファーやシンボルが、数多く含まれているということである。夜見る夢にでてくる奇妙なあるいは創造的なシンボルとおぼしきものの、すでに土台となりつつあるイメージやフレーズが、それ以前の数日間の意識に含まれているように思われたのである。

## 自己の顕現とその感情との関係

ウィリアム・ジェイムズは思考の流れの議論に続き、一つの章を使って自我意識について論じ、さらにその後感情について論じている。スティーヴンの内的独白においてこれらの要素すべてが、彼の連想がまず母親についての記述、次に自分自身の役割と個人的な欲求の自覚についての記述に達した時、一つに収束するのを我々は見た。こうした思いとともに、彼は、やりきれぬ憂鬱、罪の意識、恐怖（死装束を着けて死んでいる母親の夢）、再び罪の意識、最後に挑戦的な怒りといった諸感情を経験しているように思われた。私は次に、思考の流れと、自我についての経験と、特定の感情の喚起との相互関係に関する最近の研究について述べてみたい。

**思考の内容の決定要素**

自然な思考のサンプリングを用いた研究方法を次に述べることにする。実験段階で被験者が経験した事象や感情を、実験後にサンプリングした思考のなかでその被験者に回想させるような条件を、階層化して我々はここに提示した。我々の被験者は何人かの若い人たちであった。彼らの実験後の思考についての報告が、実験段階で経験したことの報告と類似しているかいないか、訓練を受けた判定者に判断してもらい（判定者は言うまでもなく、実験の条件が何であるかを知らない）、特定の経験が、後の個人の思考の流れのなかで、多少なりとも回想を生じさせる原因となっているかどうか推定することができた。

この調査では実験の階層化した条件は、思考のサンプリングよりも前に確立した。被験者の意識のなかでの回想の度合いは、これらの条件によって異なることが予想された。また模擬的に行われる両親とのやりとりが、大学生になったばかりの者にとってさえ、特に思考の繰り返しを引き起こすものになるだろうと提案された。我々は実験後の思考における、次の状況の下での回想の度合いを評価することにした。

一　親との問題が解決されている状況、もしくは解決されていない状況（むかしのセイガルニイク効果）

二　相互に問題を解決しようとしているが、親と葛藤を起こしていない状況

三　親と対立・葛藤状態にあるが、その若者が協調しようとする姿勢をもっている状況、あるいは、

四　同じように親と対立状態にあり、親が協調しようとするのではなく、明らかに高圧的姿勢を見せている状況

これら個々別々の状況に置かれると（模擬的なやりとりを通して）、実験後の被験者の意識において、この実験時の思考の反復のあり方に違いが出てくると予想された。なかでも問題が未解決の状態で、特に親と対立関係にある状況が、実験後の被験者の思考の流れのなかで、最も反復されるであろうと我々は予測した。

この重要な仮説はデータにより明確に裏づけられた。思考の繰り返しの頻度は予想通りだった。この繰り返しは、親との関係で現実に長い間ストレスを感じていると著しく増大した。思考がまったく繰り返されなかった例はわずかで、主に葛藤のない場合に見られたが、想像の上での葛藤の抑圧が高まっていけば、こうしたことは消えてしまった。特に興味深かったのは、模擬的であれ、親との葛藤状態を経験すると、長い間ストレスを感じてきた若者は、後にサンプリングされた思考（図2・3）の五〇パーセントもの高い割合において、この短い人為的な出来事を反復するということである。試みにこの結果から一般論を述べるのならば、長い間親との問題を抱えてきた若者たちの思考の世界は、極めて不快な世界であろうということである。というのも、葛藤を起こしている状況に遭遇すると、たいていの場合、あるいはそうした筋立ての映画やテレビを見てさえ、かなりの程度連想による思考の繰り返しを起こすからである。スティーヴン・ディーダラスは、打ち寄せる波からハープの糸やファーガスの歌を連想したが、さらにその連想は親についての連想を生み出し、落ちついて美しい景色を楽しもうというものから内的苦痛へと彼の気分を変えてしまった。今述べたような方法（性格という変数の推定値や、他の目下の関心の推定値を組み合わせて使う方法）が、様々な人々（たとえば病床の患者、手術後の患者、高血圧患者）を調査するために使用されることの意味あいは、非常に興味あるもののように思われる。

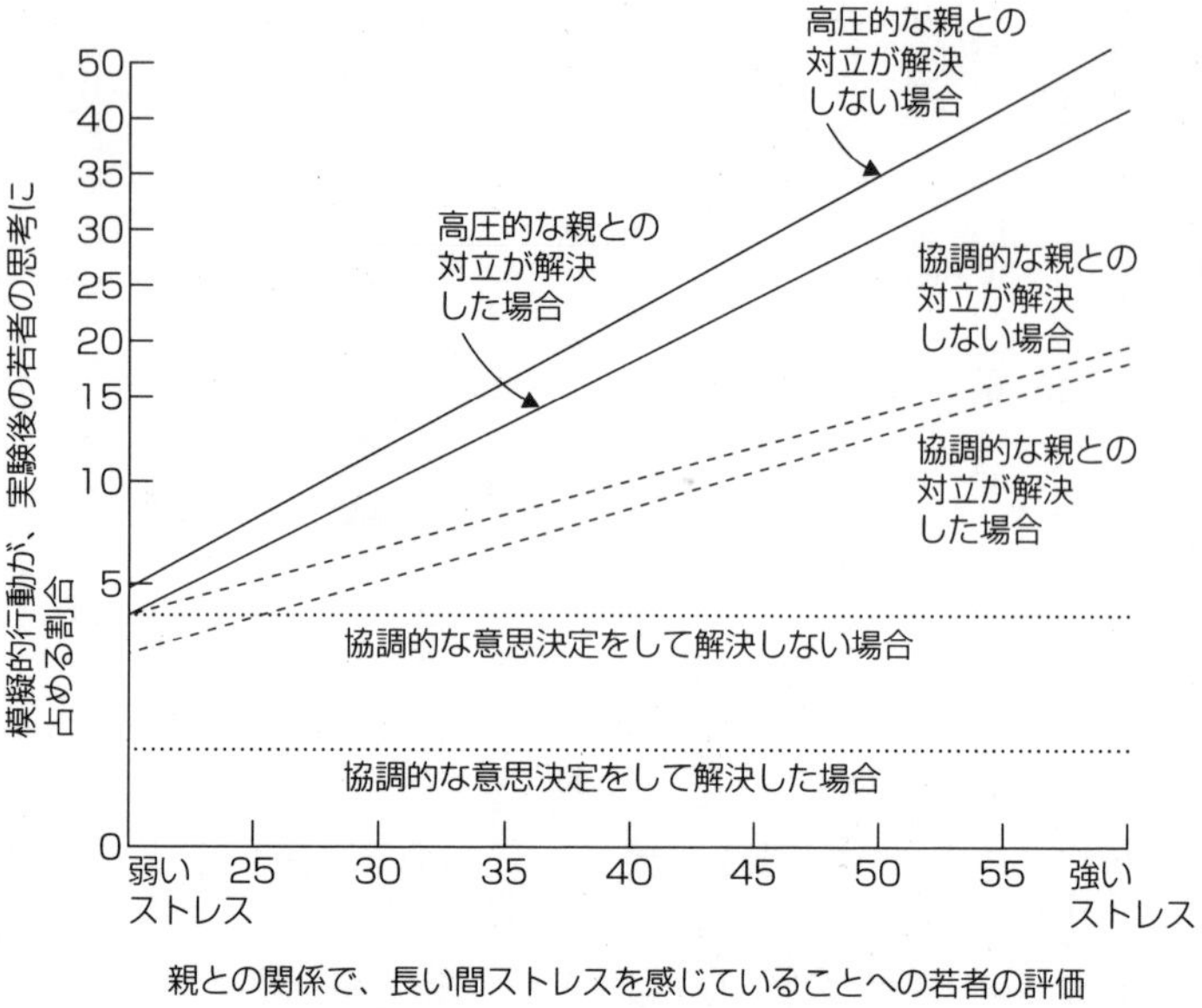


図２．３　模擬的な親との対立と，模擬実験後の思考において，親に対して抱く長期のストレスとの間の相互作用

出典：「クロスとシンガー，1981」，より．

注：対立と，対人関係による長期のストレスとの間の相互作用は，実験後の20分間において，模擬的な親との対立が，被験者の思考に占める割合に反映されている．対立が未解決である場合，その対立が高い割合で思考を占めていることに注意すること．

## コカイン常用者の自己像間の相違

ウィリアム・ジェイムズが我々にもたらした特に洞察に満ちた見解（それは何年間もまったく見過ごされてきたが）は、「真の自己、あるいは唯一の自己」など探すだけ無駄であり、むしろ我々は、理想とする自己、特定の状況下にある自己、過去や未来における自己など、自分自身に対して多様な自己像をもっている、というものである。この一〇年間の心理学においては、こうした様々な現れ方をする自己像が、いかに我々の行動を導いたり乱したりするのか、また実際いかに特定の感情の反応を引き起こすのか、といったことについて、関心が驚くほどに沸き起こっている。

トーリー・ヒギンズは、自己像間の相違と特定の感情とのつながりを研究した学者だが、最近S・ケリー・アヴァンツ、アーサー・マーゴリン、ウィリアム・コステン、私の四人が、彼の研究が打ち出した仮説を調べることにした。ヒギンズ（一九八七）の提唱は、人は皆、実際の自己、理想とする自己、あるべき自己（自分にとって重要な第三者が、こうあるべしと期待しているように思われる自己）、そして別種の自己についての表象である過去の自己、未来の自己、自分自身が恐れを抱いている自己といった、一連の自己像を編み出しているというものであった。ヒギンズは実際の自己と理想とする自己との間の大きな相違が、抑鬱状態や悲哀を生み出し、実際の自己とあるべき自己との間の相違が、さらに動揺、不安、恐怖を生み出すと推測した。コカインの常用者が「気分を高揚させる」ドラッグを用いるのは、自分で憂鬱な気分を直すためだという前提に立ち、我々はこの種の常用者が、ヘロイン常用者や麻薬の非常用者以上に、実際の自己と理想とする自己との相違が大きい状況を示すという仮説をたてた。

我々の図2・4のデータは、明らかにこの仮説を裏づけている。被験者の思考のサンプルをも用い、

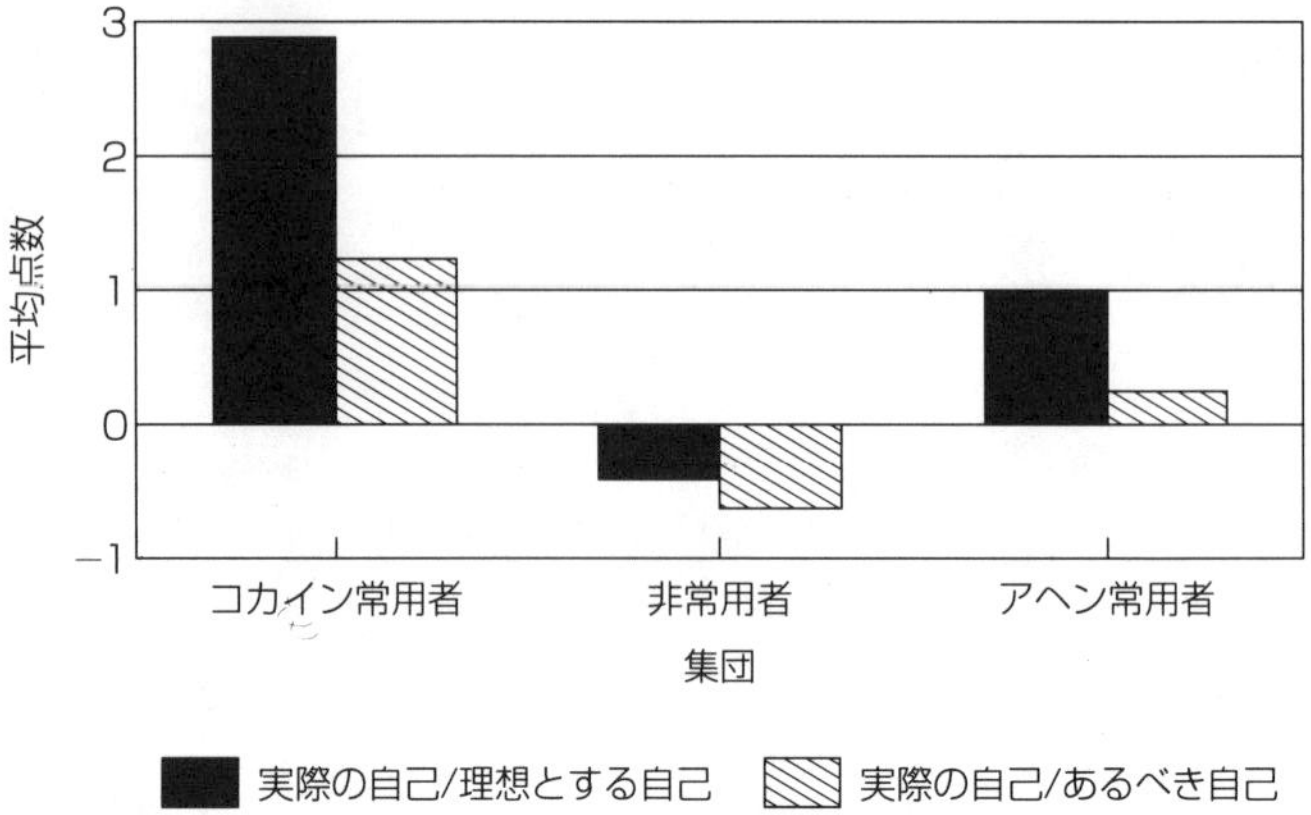


図2．4　コカイン常用者，非常用者，アヘン常用者の自己像間の相違の点数．
出典：「アヴァンツ，シンガーとマーゴラン，1993」より．

被験者から日ごとに実際の自己と理想の自己との相違が大きくなるとの報告を得ながら、コカインへの渇望がどのように現われたかを示すことができた。次に我々はこれらの患者の実際の心理療法に移った。すなわち、彼らにその時の気分と、自分自身に対する考え――「中毒者」としての自分、あるいは「理想的な」自分、あるいは「コカインを渇望する」自分など――を日誌に書かせた。またその一方で、認知・行動セラピーを間に挟んで、今よりも適応性のある自分の姿を患者に確認させ、その姿になるようにさせようとした。次の段階で得た思考のサンプルは、コカインの渇望の低下、実際と理想との相違のせばまり、より積極的な未来の自分の姿、ドラッグ使用の刺激を受けても低下した渇望、生態学的により一層適度になった節制――これらの相関関係を示した。

## 自己、感情、流れゆく思考

自己像と感情と思考のサンプルを関連づけるもう一つ別の研究が、百人以上の通常人の青年を被験者として、ダニエル・ハート、ナイジェル・フィールド、ジョナサン・ガーファンクル、カレン・アンダーソン、私の共同作業として最近試みられた。実際の自己、理想とする自己、自分自身が恐れる自己などの各自己像間の相違、および抑鬱状態、不安のような特定の感情喚起についての探求に続いて、我々はまず、神経症的性格、外向的性格、良心的性格、解放的性格、想像に耽りがちな性格、穏和な性格など、主な性格を様々に取り上げ、被験者がどの部類に入るか調べた。のみならず彼らの抑鬱状態や不安感の度合いに関しても調べた。我々はまた被験者の、彼らにとって重要な人物についての記述、また彼らのいろいろな自己（実際の自己、理想とする自己、自分自身が恐れる自己、過去の自己、未来の自己）についての記述を、彼らの心にふと浮かんだ形容詞を尺度として評価してみた。また一週間以上にわたり、一日に八回任意の時間に鳴るポケットベルを被験者にもたせて、彼らを追跡調査した。信号が発信される度に、その時の気分、その時特に浮かんだ思考の内容、それに伴う行為について用紙に記入させたのである。

我々はこの調査の内容を評価したり、この調査に組み込まれている実験を行うための特定の仮説を検証するため、今までこのデータを分析しているところである。しかし利用できる調査結果もある。まず我々は再び、実際の自己と理想とする自己の大きな相違（つまりその人の目下の自己評価が、理想とする自己から大きくはずれている）が、抑鬱状態と結びつくというヒギンズの理論の正しいことを確認した。これは単に性格検査によって確かめただけではない。一週間かけて被験者の思考の流れをサンプリングし、その時に得た数十種の感情についての報告を集積することによっても確認した。しかしこうしたことは既にジェイムズが、『心理学原理』第一巻の三一〇ページの単純な図表を通して予告したことである。さらにまた、被験者の理想とする自己、実際の自己、自分自身が恐れる自己が特に不安定だと、その思考の流れに反映される感情喚起の相対的な活動レベルや度合いに影響が出てくるであろうことを、我々は示すことができる。自己の多様性に重きをおくウィリアム・ジェイムズの独自の考え方に照らし合わせて言うべき特に重要なことは、様々に現れた自己の間の差異を多重回帰分析にかけると、仮説通りの結果が出るということである。つまり実際の自己とあるべき自己との間の相違は、ヒギンズ（一九八七）が提唱したように、不安を正確に予測させるものである。また実際の自己と好ましくない自己（すなわち自分自身が恐れる自己）との間の相違は、自尊心のレベルを予測させる点で重要なのである（論文執筆準備段階のハートら）。

## 認知と感情のパースペクティヴ

私は数年にわたってこうした方法を流れゆく思考の調査に応用してきたが、そこから得られた結論を要約することで本論を閉じることにする。人間とは、必要な能力を生物学的に授けられた生物、環境を探求する動機、そしてまた、次第に自分の経験を命名することで分類し、それに意味を付与しようとする動機を生まれながらもっている生物、と考えるのが一番適当であろう。我々人間の情報処理機構は、それとは別に区別された感情機構と密接に結びついており、それゆえ、期待（計画、目標、願望）と、ある状況で提示された情報との間に不適合が突然生じたり、あるいはいつまでも続いたりすると、我々は奮起したり、恐れたり、怒ったり、気がふさいだりするのである。同様に、その相違が解消した時は笑いたくなったり、うれしくなったりするのであり、また新奇なものを目にして、その新奇さが極端なものではなく穏当なレベルのものだと、興味をもったり探求したくなったりするのである（マンドラー、一九八四。シンガー、一九七四、一九八四。トンキンズ、一九六二―三）。

実際、「いきなり信号を送られる」ことが、自分たちの環境がもっている意味をくみ取るため――新しい刺激を選別し、その正体を見きわめ、命名によって分類し、コード化し、行動様式にとりいれるため――ならば、この情報の源は何であろうか。人間にとって（我々が判断できる限り）刺激は二種類ある。一つは「客観的」世界から生じるもので、皆が合意した方法で測定可能な、我々の周囲に存在する物理的・社会的刺激である。もう一つは記憶や流れゆく心理過程といった、「主観的」な私的な世界から生じたものである（ポープとシンガー、一九七八）。いかなる時でも人間は、外因（音、光の文様、匂い、接触、味）による刺激か、「内因」（どれも意識の特徴である、回想、連想、イメージ、内的独白、願望に満ちた空想、つきまとう不安）によると思われる刺激のどちらかに、優先的に反応しなければならない。身体上の感覚や信号――器官系統からの苦痛やその機能不全――は、一種の中間的な刺激の素因である。とはいえ、このような経験は、元来我々の身体的自我の内部に属するものではあるものの、「客観的」性質をもっているように思われることがたびたびある。瞬間的に優先順位をつけなければいけない時、一般的に我々は外からの刺激のほうを重要なものとして優先しなければいけない。さもないと自動車に轢かれたり、電柱にぶつかったり、溝にはまったりするであろう。しかし人間にとっての環境の特徴は十分な余剰性をもっているところにあり、特定の状況に対する我々の運動機能や認知計画は、一般的に非常に分化し、また学習されすぎるほどに学習されているので、我々は車を運転したり、仕事上の会合に出席していてさえ、事細かな回想を行ったり、これからの予定についての思索や空想に耽ることがよくある。

我々人間が置かれている状況はこうしたもので、自然に湧き起こる思考や、外部の社会環境・自然環境からの情報に対して、どれほどの注意を向けるべきなのか、常に決定しなければならない立場に我々はある。外部からの情報を処理することと、内部からの情報を処理することの間に生じる葛藤は、人間の主な実存的ジレンマ——自律かあるいは他者との交わりかという、果てしない弁証法的苦闘——の現れであり、またおそらくはその原型でさえあるだろう。意味をつかもうという何よりも重要な動機をもちつつ、我々は一方で自分以外の誰かの一部、あるいはある体制の一部となること——愛されていると、崇められていると、あるいは敬われていると感じること、個人や集団に対して親近感をもつこと——を求め、他方で、自律していることや個人であることの自覚、自らの方向決定、思考のプライヴァシー、能力や技術の独自性、を維持しようとしている。ウィリアム・ジェイムズもほのめかしているようだが、個人個人の意識の流れは、プライヴァシーと、唯一無二の自分という考えを保持するための人間の最後の砦と考えられるかもしれない。しかしながら連綿たる意識についての我々の調査は、我々の思考の大部分が、他者との協力関係や他者への愛着についてであることを指摘している。

最後に我々は二人の主要人物、ウィリアム・ジェイムズとジェイムズ・ジョイスに戻ることにする。前者は意識の流れが中心的な心理現象であることを発見し、後者はそれを芸術創作に用いた。自らを追放者としたこのダブリンの作家は、彼の分身スティーヴンの意識の流れという、文学への素晴らしい応用例を示した。そして彼は繊細に、そしておそらく完全に意識的にというわけではなく、この若き主人公が他者からの独立を主張しつつも、「私の魂という鍛冶場において、いまだ創られていない民族の良心を鍛えるために」は、他人との交わりに向かわざるをえない様を表している。それゆえ独立独歩の道を歩んだ、熟練した職人ジェイムズ・ジョイスもまた、遠隔の地トリエステあるいはチューリッヒにあって、執筆活動を通して自分の自律性を主張していたものの、意識の流れのなかでは、その思考は常に家族、友人、知人、愛するダブリンの決して忘れることのなかった通りについてのものだったのである。

**(註)**

(1) ここに載せた筆者のごく最近の研究は、ジョン・D・マッカーサーおよびキャサリン・T・マッカーサー基金から、サン・フランシスコのカリフォルニア大学「意識・無意識心理過程に関するプロジェクト」に対して出された助成金により、一部援助を受けた。

(2) 『ユリシーズ』のこの箇所、および他の箇所についての文学的分析については、スタインバーグ(一九七三)を参照。

# 第三章　ジグムント・フロイト（1856–1939）

――アンソニー・ストー――

ジグムント・フロイト（1856–1939）

ジグムント・フロイトは一八五六年五月六日に、フライベルクというモラヴィアの町に生まれた。ここは現在のチェコ共和国のプリボールに当たる。彼の母親のアマリーは、ユダヤ人の羊毛商ヤコブ・フロイトの三番目の妻で、夫よりも二〇歳ほど若かった。一八五九年ジグムント・フロイトが三歳の時に、一家はウィーンに引っ越し、それから七九年間、フロイトはこの都市で生活し働いた。彼はこの都市への嫌悪感を幾度となく言い続けたが、そこを去ることは極度に嫌がった。六七歳の時口蓋部に癌ができ、その後死ぬまで再発を重ね、三〇回以上の手術を要した。一九三八年ナチスの手から逃れなければならない羽目になり、最後の一年を英国で過ごした。そして一九三九年九月二三日、第二次世界大戦が始まった直後に死去した。

一八七三年秋、フロイトはウィーン大学の医学部に入学したが、卒業したのは一八八一年の三月三〇日である。当初彼は動物学の研究に主な関心をもっていた。一八七六年から一八八二年まで、エルンスト・ブリュッケ生理学研究所で研究生活を送った。ブリュッケはフロイトが非常に尊敬していた権威で、彼の思想にかなりの影響を与えている。ブリュッケとその共同研究員は、当時広く受け入れられることはなかった考え方に打ち込んだ。すなわち、すべての生命の変遷は究極的に物理と化学で説明がつくという、宗教や活力論に基づく思考を生物学から排除する考え方である。フロイトは生涯、決定論者のままで、思考や感情や空想といった心理現象は、因果の原理によって厳格に決定されると考えた。

フロイトは医者として働くことに気が進まなかった。生涯を研究に費やしたかったのであろう。しかし一八八二年に彼はマルタ・ベルナイスとの恋に落ちた。ブリュッケの研究所に留まっていたならば、妻と家族を養うだけの収入を得る見込みがなかったがゆえに、フロイトは研究を断念し、開業の勉強をするため次の三年間をウィーンの総合病院で過ごした。一八八五年ウィーン大学の神経病理学の講師に任命された。そして一八八五年一〇月から一八八六年二月まで、パリのサルペティエール病院において、シャルコーの下で学んだ。この人物はヒステリーについての特殊な研究をしていた神経学の大家で、神経症を神経組織の器官の疾病ととる立場とは逆の立場をとる点で、神経症の諸問題に関するフロイトの興味を刺激した。パリから帰国すると、フロイトはウィーンで医師として開業し、一八八六年九月についにフィアンセと結婚することができた。

彼らの最初の子どもは一八八七年一〇月に生まれた。さらに五人の子どもが続き、最後は一八九五年に生まれたアンナ・フロイトであった。彼女は精神科医となった彼の唯一の子どもである。彼の妻マルタは、ヴィクトリア時代の女性らしく、ひたすらフロイトと子どもたちに尽くしたが、彼の研究の価値はほとんど理解していなかった。彼が心を打ち明ける相手はアンナで、彼の親密な協力者となった。そして最後の病に陥った時には献身的に介護した。しかしマルタは日常の些事に煩うことのない落ちついた環境を彼に与えた。我々は書簡から、彼らの性生活が比較的早い時期になくなったことを知るのだが、もし彼の結婚生活がそれほど穏やかなものでなかったら、彼はあれほどの業績をあげることはなかったであろう。

一八九〇年代半ばから、フロイトの人生は精神分析の発展の歴史となる。ヨゼフ・ブロイアとの共同執筆の『ヒステリーの研究』は、一八九五年に出版された。フロイトが当時の思想に与えた影響と、著書が二四冊にものぼるほどに彼の精神分析への貢献が大きいことを考えたならば、最初の精神分析関係の書が出版されたのが、彼が三九歳にもなってからのことだったことは驚くべきことである。彼は、自分にとって創造的な想像と研究とは相伴うものであったと明言している。彼は膨大な生産力をもった書き手であった。

フロイトは文学を心から楽しんでいた。彼の文章のうまさは、まだ生徒だった時にすでに認められていた。

一九三〇年には、フランクフルト市から送られるゲーテ文学賞の、四人目の受賞者となった。フロイト選集では、他の精神分析家の著作への言及よりも、ゲーテやシェイクスピアの作品への言及のほうが多い。彼は骨董品を収集し、彫刻や絵画にも造詣が深かった。しかし音楽には関心がなかった。彼の性格は偏執的と言える。つまり、仕事に駆り立てられる質で、規律正しく、几帳面で、頑固であった。

フロイトの自己抑制型の控え目な性格は、自伝の内容にもおよんだ。そこではほぼ全体にわたって、精神分析の発展のことが集中的に書かれてあり、彼の個人生活についてはほとんど何も語られていない。一八八五年にはもうフィアンセの手紙のなかで、この一四年間のメモ、手紙、原稿は破棄してしまったと書き、先を見越して、未来の伝記作家が自分について簡単に書けないようにしたいとつけ加えている。フロイトは、人間が他人はおろか自分自身からも必死に隠そうとする極秘事項を調査することで人生を費やした人物だが、自分自身の秘密を表に出すことは極度に嫌がったのである。

## フロイト再訪

フロイト、ダーウィン、マルクスは、二〇世紀の人々の自分自身に対する見方を、最も顕著に変化させた独創的な思想家として、しばしば三人一組で考えられている。フロイトの思想は絶大な影響力をもち、西欧の国々では精神分析という言葉が、性格や人間関係を論じる際に最も広く使われる言葉となっている。私が若い頃、精神科医はフロイト派かそうでないかのどちらかであった。フロイト派であることは、フロイト流の分析方法を用い、またフロイトの書いた大部分のことを、科学的な意味で正しいと受け入れているということであった。しかしフロイト派の幹部の人たちの間でさえ、フロイトの思想のなかの一部の箇所、特に死の本能についての考えは議論の余地のあるものであった。フロイトの女性観は、時代遅れの一九世紀的な見方に基づいていると見なされたし、また数多くの精神科医が、フロイトの「机上の」人類学に不安を覚えた。だが、精神分析に関するフロイトの輪郭の明確な理論構成は、精神分析家や患者に熱烈に支持され、それに大きな疑問を抱いた者は、無知な者、間違った指導を受けた者、頑迷な抵抗を示す神経症患者と見なされたのである。

この四〇年間で、こうした状況は一変した。未だに原理主義者と言われてもしかたのない精神分析家——従来型の精神分析が、実行に値する唯一の精神療法だと信じている精神分析家——が少数ながらいることはいる。こうした類の精神分析家は、治療法としての精神分析を何ら疑念を抱かずに信奉しているがゆえに、もしこの療法がうまくいかなかった場合には、患者を助けられなかったのは自分のとった方法が悪いのではなく、患者自身が悪いのだと言うのである。私の記憶によれば、精神分析家としての訓練についての書のなかに、ある実習医が次のように言ったという記述があった。「精神分析のすばらしい点は、たとえ患者の具合がよくならないとしても、医者は正しいことをしているということです」。フロイトが死んだのは一九三九年九月二三日で、今から五〇年以上も前のことである。今では彼の貢献を客観的に評価できるし、そのようにしても、彼が行ったことを誤解しているとか、不当な党派主義に陥っているとかいう非難を受けずにすむ。オックスフォード大学出版局から、フロイトについての短い本を書いてくれと依頼されたので、原文のドイツ語ではなく、ジェイムズ・ストレーチの訳で、彼の著作を数多く読み返してみた。そして特に二つのことに私は感心した。

一つはフロイトの文体が明晰であり、説得力があるということである。フランクフルト市が彼にゲーテ文学賞を贈ったのも何ら不思議なことではない。翻訳を通してでさえ、フロイトは読んで味わいのある書き手である。説得力に優美な文体と自分自身の正しさに対する絶対的確信が備わると、その書き手には抗し難くなる。フロイトの物書きとしての技量も、彼の学説が西欧世界のいたるところに幅広く影響を与えた一因であるに違いないのだ。

私が感心した第二点は、彼の著作の数がまさに膨大だということである。学生時代からフロイトは常に勤勉であった。エルンスト・ブリュッケの研究所で研究員として働いていた数年間、彼は神経生理学についての論文を数多く生み出した。そして後に失語症に関するモノグラフを書いた。しかし、彼が最初に出版した精神分析についての書、ブロイアとの共著である『ヒステリー研究』が世に出たのは、一八九五年になってからのことであり、この時彼は既に三九歳になっていた。だが精神分析関係の著書だけで、索引の書を除いても、スタンダード・エディションで二三冊にも達しているのである。フロイトは八三歳まで生きたが、最後の一六年間は、三〇回以上の手術を要した口蓋癌に苦しめられていたことを銘記しておかなければいけない。人生のこんなにも遅い時期に、生きるべき自分の道を歩みだしたにもかかわらず、病に冒されながらも、これほど多くの独創的な研究を成し遂げた天才が、フロイト以外にいるだろうか。

いかなる性格の持ち主が、半生という短期間のうちにこれほど多くの業績をあげられるのか。傑出した知的偉業を成し遂げた人は、たいてい偏執的性格を見せている。フロイトも例外ではなかった。彼自身このことを認め、もし自分が神経症にかかったら、強迫神経症であろうとユングに言っている。一九一三年の論文「強迫神経症に至る性質」のなかで、フロイトは知的タイプの強迫神経症患者に頻繁に見られる知性の早熟性について述べている。学校に通っていた時、彼は六年間続けてクラスで成績がトップであった。八歳でシェイクスピアを読み始め、卒業する頃には、母国語のドイツ語は言うにおよばず、ギリシャ語、ラテン語、フランス語、英語をマスターしていた。またヘブライ語も学び、スペイン語やイタリア語も独習していた。ゲーテとシェイクスピアはずっと彼のお気に入りの作家であった。フロイトは自分の仕事への没頭ぶりと知性の早熟性とを結びつけて考えていた。彼は友人フリエス宛の書簡のなかで、「自分にはすべてに勝る情熱が必要なのだ」と書いている。そして仕事のない人生など考えられないと明言している。フロイトは普通夏は、長期休暇を取って元気旺盛に散歩して回ったのだが、一週間の間リラックスする時間をほとんど取らなかった。書き物をするのは日曜日か、八、九時間大変な思いで患者を診察した日の夜遅くであった。

フロイトは偏執的性格に見られる最も価値ある特徴をすべて見せていた。彼は良心的で、自己を抑制し、真理の追究に情熱的に取り組んだ。若い頃は貧乏だったため実行するのは難しかっただろうが、常に服装と外見はきちんとしていた。理髪師は毎日彼の髪と髭を整えた。フロイトは偏執的性格について、特に「規則正しく、極度の倹約家で、頑固である」と記した。彼自身、言うまでもなく規則正しく、頑固であった。若い頃、友人からの財政的援助に頼っていた時は極度の倹約家であるように見えたかも知れない。彼の趣味はずっと地味のままで、衣服は三組以上はもっていなかった。後年は金を借りているということに容赦ができなかった。そして、治療費の払えるものには高額の代金を要求したが、一部の患者、自分の親戚、赤貧の学生など、困窮している者には寛容にも金の工面をしてやったのである。

フロイトはまた、偏執的性格をもった人間が頻繁に見せるそのマイナスの特徴をもいくらかもっていた。彼は数に関して迷信を抱いていた。何年もの間彼は、きっと自分は六一歳か六二歳で死ぬことになるのだと思いこみ、数字の六一や六〇が一や二とともに出てくると、不吉なことだとした。たとえば、ホテルで三一号室を割り当てられると、そこに何か意味があるのだと考えた。つまり、六二の半分ということでである。また四三歳になった年、新しく一四三六二という電話番号を割り当てられたが、彼にとってこの一、六、二の数字は、四三と関連して、彼の人生の終わりを意味すると考えてもおかしくないものであった。

言うまでもなく彼の喫煙は、強迫観念にとらわれて行ったものであった。一八九三年から一八九六年までの間、喫煙が原因の不整脈となったが、それでも長い間禁煙を続けることはできなかった。残り少なくなった人生を苦しめている口蓋の癌の原因が喫煙であることを知ってはいたが、それでも大きな慰安を与えてくれるタバコを手放すことはできなかったのである。

彼の蒐集癖も偏執的特徴を示している。フロイトは骨董品に目がなく、貪欲にギリシャ、ローマ、エトルリアの小彫像を蒐集した。買う余裕のなかった若い頃でもそうしていたのである。ウィーンの彼のアパートの写真を見たり、ロンドンのメイレスフィールド・ガーデンズ二〇番地にある、彼のアパートを後に改造した現在のフロイト博物館に行ってみると、こうしたものが所狭しと並んでいる。本棚や机の上にびっしりと並んでいるので、一つ一つが芸術作品として独自の価値をもっていることが分らないほどである。この密集状態は、その道の通としての集め方を示しているのではない。美を味わうことよりも積み重ねておくことに興味をもっている、偏執的性格の蒐集家の集め方を示している。

フロイトはその長い人生において、自分自身の手で精神分析の理論に大きな修正を加えてはいるが、他人にはほとんど誰にも修正することを許さなかった。彼の考えに疑問を抱いた者に対して寛容でなかったことは、彼の厳格さを如実に示している。自分が正しいという絶対的確信は、カリスマ性をもつ彼の説得力の一因となっていた。しかしそれが柔軟性の欠如と結びついた時、精神分析の進展の歴史の初期段階を曇らせている、あの一連の彼からの離反行動が生じたのだ。そのなかでも目立った反抗者に、アルフレード・アドラー、ウィルヘルム・ステケル、カール・G・ユング、オットー・ランクがいる。

精神分析の理論の基本的特徴のなかに、フロイトの偏執的性格に由来するものがあると指摘してもおかしくないと思う。フロイトは本質的に二元論者で、いつも心理現象を、対立するものどうしの相互作用、あるいは葛藤として説明した。第一次世界大戦後に精神分析の理論を修正した際、フロイトは、精神生活の現象すべては、究極的に二つの衝動の相互作用に行き着くという二重構造を提唱した。

長いためらいと迷いの後、我々は根本的に二つの本能、「エロス」と「破壊本能」のみが存在すると考えることにした。こうした根本的な本能のうち前者の本能の目的は、元の状態よりもずっと大きな融合物を作り上げそれを保存すること――つまり手短に言えば、結びつけておくことである。逆に後者の本能の目的は、結びつけられたものを切りはなすこと、諸物を破壊することである。破壊を求める本能の場合、その究極の目標は、生あるものを無機状態にすることである。こうした理由で、我々はこの本能を「死の本能」とも呼ぶ(フロイト、一九六四、一四八頁)。

ここで人間の本能を二つに限定した理由は、明らかにフロイトが個人的に二元論を好んでいたということ以外にはない。たとえば、寝ることも食べることも、大部分人間の生来の欲求により決定されるのだ。しかしフロイトは、二重構造のみを必要としただけではない。あらゆるものを包含するような構造をも必要としたのである。人生のできるだけ多くの面を自分の思い通りにしようとするのが、偏執的人間の特徴である。多くの強迫観念にとらわれた習慣的行為、特に清潔さや規則正しさに関わる習慣的行為の基を辿ると、究極的にはその強迫観念にとらわれた人物の不安に行き着く。すなわち、自分が特に骨を折らない限り、事態は手に負えない状態となり、最後には混沌状態に陥ってしまうのではないかという不安である。こういうわけで強迫観念に駆られている人間というのは、たとえあらゆることを支配できるとは言わないまでも、少なくともあらゆることを理解できるような、すべてを十分に網羅する世界観、人間観に特に心を引かれるのだ。結局フロイトの結論は、文明全体は、したがって神経症を含めあらゆる人間的特徴をもつものすべては、エロスと死の本能の絶え間ない戦いという形で理解できるというものであった。これは壮大なヴィジョンである。フロイトは文明を次のように描いている。

文明とはエロスの活動の過程である。エロスの目的は、一人一人の人間を互いに結びつけることである。そしてその後、家族、人種、民族、国民どうしを一つの大きな人類という統合体に融合させることである。（……）しかし人間の自然の攻撃的本能、つまり個々人がすべての人々に対して抱く敵意、およびすべての人々が個々人に対して抱く敵意は、この文明の計画に対立する。この攻撃的な本能は死の本能――エロスと隣り合って存在し、エロスとともに世界支配を行っている本能

――から派生したものであり、死の本能の主たる代理者なのである。思うに、今我々にとって文明の進化の意味は、もはや不可解なものではなくなった。人類において行われているその進化は、エロスと死との間の葛藤、生の本能と破壊への本能との間の葛藤であるにちがいない。すべての生が本質的にこの葛藤からなりたっているのであり、それゆえ文明とは、人類が行っている生を求める戦いと端的に言うことができよう。そしてこの巨人どうしの戦いを、乳母は天国についての子守歌で鎮めようとしているのだ（フロイト、一九六一a、一二二頁）。

この引用文は、フロイトの後期の著作の一つ『文明と不満』からとったものであり、彼の信念を明確に表している。すなわち、文明は、人間の生物種としての生き残りには必要だが、フロイトの表現を使えば、個人に対しては「傷」を負わせる大変な重荷なのである。『幻想の未来』からの皮肉めいた一節のなかでフロイトは、もし人間の自然の部分が、かけられている鎖を解いてしまったならばどのような事態になるか、を明らかにしている。

我々は文明に対する敵意について語ってきた。その敵意は、文明が抑圧を加えるがゆえに、つまり文明が本能を否定するよう要求するがゆえに生み出されるのである。この文明の禁止令が解かれたとしたら――自分の性欲の対象として、好みのどの女性をも自分のものにすることができたり、何のためらいもなく、彼女の愛のライバルや自分の邪魔をする者を殺すことができたり、許しを求めることなく、他人の持ち物を勝手にもち去ることができるなら――何とすばらしいことであろうか。

自分の人生が何と満足のいくものになるだろうか（フロイト、一九六一b、一五頁）。

バートランド・ラッセルはかつて、友人である小説家のジョーゼフ・コンラッドを厳格な道徳家と評して、次のように言った。「文明化した、道徳的に寛容な生活をおくることは、かろうじて冷え固まっている溶岩の薄い表層を、危険を冒して歩いているようなものである。用心していなければ、いつ何時それが崩れ落ちて、燃え盛る奈落の底に落ちてしまうか分らない。これがコンラッドの考えであった」（ラッセル、一九五六、八二頁）。この鮮烈な記述は、同じようにフロイトにも当てはまる。フロイトも文明を、我々を抑圧し神経症を引き起こすものとして多分に否定的に見ていた。そして、彼のこうした見方から、彼自身の衝動を厳格に偏執的に抑えることが、彼にとって重荷になっていたと類推されるのである。

このような考え方をとると、精神分析の理論を人類学や宗教や芸術に応用しても、概して挫折してしまう理由がある程度分ってくる。文明の抑圧性を強調して、その順応性という価値を度外視する見方は、必ずや不十分なものになるに違いない。私がフロイトの数多くの著作を再読して受けた最も消えることのない印象の一つは、残念なことに彼は精神分析の網を極めて広範囲に広げてしまったということである。フロイトは素晴らしく鋭敏な臨床医であった。たとえば、『悲痛とメランコリー』におけるひどい憂鬱状態についての説明や、肛門型性格に関する記述は、直接患者を観察した結果に基づいてなされたもので、彼が書いた当時と同様、今日でも思わず引き込まれてしまうようなものである。もし精神分析が、精神科医の治療室の内側でのみ行われていたならば、今日よりももっと高い地位を保持していたであろう。しかしフロイトは精神分析を、その歴史のごく浅い段階で、神経症患者だけでなく通常人にまで応用できる心理学としてしまった。そして何のためらいもなく、絵を描くことから冗談を言うことまで、ほとんどすべての人間の活動を精神分析の観点から説明したのである。

　フロイトの最初の共同研究者であるヨゼフ・ブロイアは、元来彼の親友の一人で、財政的な援助も与えたのだが、結局は、未熟な性体験があらゆるヒステリー症状の原因であるというフロイトの理論を受けいれることができなかった。フロイトは自分の説とのこの食い違いが許せず、二人は疎遠になった。何年か後、路上で二人が偶然出会った時、ブロイアはフロイトに対して両腕を広げたのだが、フロイトはブロイアが許せず、無視して早足で立ち去ったのである。ブロイアは確かに先見の明のある人物で、「フロイトは絶対的で他を認めない理論体系に心を捕らわれている。私見では、これは極端な一般化に行き着く心的欲求である」と記した（サロウェイ、一九七九、八五頁）。フロイトのこの傾向が特に顕著に見られるのは、神経症の発生原因として性の重要性を説くときである。彼の最も初期の精神分析についての論文をお読みになった方は思い出されるだろうが、神経症患者に対するその独特の医療行為から、フロイトは次のような結論を得た。「出発点としていかなる症例をとるのであれ、またいかなる症状をとるのであれ、最後は必然的に、性体験という領域に行き着くのだ」。また次のようにも書いている。「どのようなヒステリー症状も、実際の経験のみが原因ということはあり得ない。いかなる場合でも、その経験との連想で目覚めた過去の経験の思い出が、その症状を引き起こすのにある役割を果たしている」（フロイト、一九六二、一九七頁）。同じ論文でフロイトは次のように続けている。

それゆえ私は次のような論を提唱する。すなわち、あらゆるヒステリーの底には、一回以上の未熟な性体験という出来事がある。それが生じたのは、子供時代の最も初期の段階であるが、何十年経ているにもかかわらず、精神分析の作業によって再生することができる。思うにこれは重要な発見——精神病理学におけるナイル《カプス》川の水源《ニリ》の発見——である（フロイト、一九六二、二〇三頁）。

これらの論述は、ヒステリーの一八の症例を基にしてなされた。そしてフロイトが神経症の病因を説明するのに数字をもち出そうとしたのは、この一八をもち出した時が最後である。この例でさえ、抑制が効いていない。そして後に挙げる例からも分るように、当の患者のなかには、フロイトの熱意あふれる解釈を、無理やり納得させせられた者がいたであろう。

なぜこれほどフロイトが特に性にこだわるのか、現代の知識に照らして考えてみると面白い。他の感情も、ヒステリー症状を引き起こす元となり得ることを、彼は知っていたに違いない。たとえば、喉を締めつけられた感じは、侮辱を「飲み込む」ことができない結果かも知れない。ヒステリー時の頭痛は、そして朦朧状態でさえも、耐え難い状況から逃れようとする無意識的な操作であることが度々ある。性がこうした症状の発生源であるとする必要はない。第一次世界大戦中のいわゆるシェルショックの事例が格好の例である。今日では、精神分析理論の元々のベースであった、女性のてんかんヒステリーの明白な症例を見ることはほとんどない。性以外の社会的要因も病因になり得るとフロイトは考えなかったのだろうか。ベルタ・パッペンハイム、すなわちブロイアの有名な患者であるアンナ・Oは、一八八〇年秋、数カ月間重体の父親を看病した後で重いヒステリー症状に見舞われた。結局父親は一八八一年の春に死亡した。ベルタと父親との間に、どのようなエディプス・コンプレックス的関係があったにせよ、性体験が、いや性への妄想でさえも、彼女の病の兆候の主因と考えなければならないいわれなどない。ブロイアの記したところによると、彼女は父親の看病に全力を尽くし、遂に神経的な咳がひどくなり病に陥った。もはや患者の介護をすることができなくなったことは、彼女にとって大いに残念なことであった、いや彼女にとって残念であるように思われただけかも知れない。かなり明らかと思われることは、どんなに父親を敬慕していようとも、彼女のヒステリーの症状は、その甲斐がなかったと同時に嫌悪感をもたらしていた義務から、彼女を解放する目的を果たしていたということである。

性は神経症の根本的な原因としてフロイトの関心を引いていた。というのも、フロイトがユング宛の手紙のなかで語ったように、性は「必要欠くべからざる〈生物の基礎〉」を彼にもたらし、「医師は人の精神生活を扱うのに、それ無しでは不安を感ずる他ない」からであった（マクガイア、一九七九、一四〇―一頁）。性は、夢や空想などの数多くの心理現象を生じさせるが、言うまでもなく身体的なものであるがゆえに、精神と身体の橋渡しをするものである。フロイトはますます、神経症患者の主な特徴は正常な性生活の欠如であり、性の充足こそが幸福と精神の安定の鍵であると確信するようになった。逆に言えば彼は、「性生活《ヴィタ・セクスアリス》が正常ならば、神経症にはなり得ない」（フロイト、一九五三a、二七四頁）と思っていたのである。フロイトは『科学的心理学草稿』のなかで、脳の解剖学的構造および生理学を心的機能と結びつけて考えようとしたが、結局この書の執筆は一八九七年までに断念してしまった。しかしながら彼は、神経症は究極的には身体の観点から説明され得るという希望を捨てなかったのである。

ヒステリーは未熟な性の実体験が引き起こすという当初の信念を、フロイトは後に捨ててしまった。

そして代わりに、抑圧された幼年時代の性の空想が性的成熟を阻害し、その状態がいつまでも続いて神経症と関わってくると考えた。この考え方の変化の理由は幅広く論議されており、そのことで私は読者をうんざりさせたくはない。これは次のフロイトの言葉を引用すれば事足りる。「ある原則が形を取り始めている。それは神経症患者の性は、幼年期のままの状態をとり続けているか、あるいはその状態へと戻ってしまっているということである」(フロイト、一九五三b、一七二頁)。この考えを基にして、次のような理論・解説をフロイトは生みだした。すなわち、幼児の性は口部段階から性器段階まで様々な段階を経て発展するという論、エディプス・コンプレックス論、去勢コンプレックス論、男根羨望論、性的倒錯に関する解説である。

ブロイアの言う絶対的で他を認めない思想体系をフロイトは築きつつあったが、その結果彼は我々が首を傾げるような考え方を示すこともあった。たとえば性心理の発展を重視したあまり、人間の他のすべての社会面・感情面の発展もそこから生まれるとした。またレオナルド・ダ・ヴィンチに関する論文のなかで、知識欲でさえ、彼の言う昇華された幼年時代の性への探求から生じたものだと言っている。ダーウィン主義を背景にもっていたがゆえに、また犬好きであったがゆえに、動物も探索行動を見せ、その行動は明らかに周囲の環境についての情報を備えておこうとするものでもあることを、彼は知っていたに違いない。探索への衝動のほうが、子どもの性への好奇心より、人間の知識欲にはるかに近いものなのだ。フロイトが唱えた性心理に関する仮説のなかには、すでに誤りだとされたものがある。たとえば、排泄のしつけを厳しくすると肛門段階で成長が止まってしまい、強迫神経症になりやすくなるという説である。また性への没頭状態や性的遊戯がそれほど顕在化しない「潜伏期間」があるという説もその一例に挙げられる。また幼児期の記憶の喪失、つまり人生の初めの数年間に起こった事柄を思い出せないことは、フロイトの考えるような、最も初期の性衝動の抑圧の結果とは到底思えない。しかしフロイトの理論の個々細かな箇所をつつくのではなく、その全体像を見るならば——フロイトが嫌った方法であろうが——、人間の在り方において性が中心的な働きをしていることを強調した点で、そしてまた他の領域と同じように性の領域においても、情感的な面での発育環境がたびたび決定要因となることを力説した点で、彼は我々に恩恵を施しているのであり、我々はそのことを認めなければいけない。

言うまでもなくフロイトが有名なのは、人間が、かつて自分たちが考えていたような自分の心の館の主人ではなく、それとはかけ離れた存在であることを指摘したからである。知性の声は穏やかであると同時にいつまでも消えないものではあるが、しかし人間は、普段自分たちが認識していたよりもずっと感情や非理性に支配されていたのだ。そしてフロイトは、芸術や哲学においてどんなに高邁な偉業がなされたとしても、それは原始的な本能の昇華に他ならないと主張したのである。ダーウィンは人間が他の動物たちと近い存在であることを示して、人間は神が自分の姿を似せて特別に創造したものという考えを払いのけ、その多くの行動を単なる生物学的発生におとしめた。そうすることで人間の自尊心を揺るがせたのだが、結局フロイトもダーウィンと同じことをしようとしたのだ。そしてまた精神分析がこれほどの影響力をもつようになったのは、それが新しい生物学と同一線上にあるように思われたからである。

フロイトが人間の心理を自我、超自我、イドに三分割し、それを体系的に表現したのは、第一次世界大戦の終わり近くになってからである。しかし彼が感情的なものと理性的なものとを明確に区別し、

「第一次過程」「第二次過程」という心理作用の型として示唆したのは、『科学的心理学草稿』執筆当時に遡る。彼はこの研究業績の一部を、一八九五年に廃棄してしまったが、それでもその後の彼の思索に影響を与え続けたのである。

イドは「不合理の領域」と規定されている。「一つの混沌であり、沸き立った興奮の坩堝」なのだ。それは原始的で、組織化されてなく、「第一次過程」により作用し、快楽原理の定めに従う本能の欲求を満たそうとすることにのみ終始している。それはまた、かろうじて冷え固まっている溶岩の表層——フロイトやコンラッドのような人たちは、自分たちはこの上で、危うくもどうにか均衡をとっているだけだと感じている——の下の燃え盛る奈落である。銘記すべきことは、これは秩序を得たり、選別したり、再整理したりする能力をまったく示さないものとされていることだ。間接的であれ、直接的であれ、表に出られるならどんな形をとってでも表に出ようとする、扱うのに実に厄介な、混沌とした欲望なのだ。

自我は、初めから身体的感覚とは区別され、イドと外界との橋渡しをするものとして機能している。イドとは異なり、少なくとも部分的には現実原理に従っており、第二次過程を営んでいる。すなわち、理性と常識を基に働き、外界の刺激や内面の本能の指令への直接的反応を遅らせる能力をもっている。フロイトの見解では、科学者がいくつかの考えを結びつけて新しい発見をしたり、芸術家がその素材を秩序づけたり、形づけたりする過程は、自我が導き出すのであり、意識をもって熟慮し、選択した結果なのだ。

我々はすでに、フロイトにとって文明とは、「自然のままの人間」を厳しく拘束するものであることを見てきた。この場合に私が想起するのは、枷を引きちぎろうとする映画のなかのキングコングの姿である。どちらの版であれ、この映画を見たことがある読者もまたその姿を思い浮かべたかもしれない。フロイトの考え方のなかでも特に訝しく思われる多くの点は、この意識と無意識との二項対立、理性と感情との二項対立、あるいはE・M・フォスターならば僧と野獣との二項対立と呼んだであろうものから生じているように私には思える。

見てきたように、フロイトは「神経症」と「幼児性」とを同一視した。この見方によれば、神経症患者は、他の面でそうでなくともその症状に関する限り、現実原理ではなく快楽原理に依然として支配されている子どもということになる。つまり現実世界のなかで事象を形成することで自分の願望を満たすのではなく、空想のなかでしかそうすることのできない未熟な人間ということになる。フロイトはこう書いている。「幸福な人間は決して空想に耽ることはなく、ただ心が満たされない人間のみが耽る、と言えるだろう。空想の原動力は満たされない願望であり、空想はどれもが願望の充足であり、満たされない現実の修正なのだ」(フロイト、一九五九、一四六頁)。フロイトは、空想が遊びに由来するものであり、空想も遊びも現実から目を背けることか現実を否定することを意味し、それゆえこうした行為からは脱却しなければならない、と考えた。フロイトは精神の働きのあるべき姿について、ピューリタン的な考え方をとっていた。真の人生とは真面目に送る人生でもある、遊びや夢や白昼夢は砂上の楼閣で捨て去らなければならない、本当に成長した神経症でない人間は、願望の充足を見出すのに、自覚的な計画と理性に基づいた考え方のみをとるべきで、想像から生まれた幻想を捨て去らなければならない、フロイトはこう考えたのである。

思うに、どんなに頭の固い自然科学者でも、実際にこのように考えることはないであろう。言うまでもなく、芸術の世界であれ科学の世界であれ、創造力に満ちた者は誰でも、アインシュタインの言葉を借りれば、「様々な考え方と戯れること」が必要なのだ。実際遊びとは、新しい物事を生み出す重要な源なのだ。芸術家や科学者が、今行っていることにあまりに深く関わりすぎているがゆえに、遊ぶことをやめてしまえば、実のあるアイディアも出せなくなる。しかしながらフロイトの論理構造においては、想像とはマイナスのイメージをもつものとなる。常に現実の忌避として考えられ、現実に即応するものとして関心をもたれることは決してないのである。

このように考えていくと、何ゆえフロイトの芸術や文学についての解釈が合点のいかないものなのか、ある程度明らかになる。フロイトは、こうした人間の精神を表出したもののすべてが、満たされぬリビドーが昇華した結果と考えた。芸術や文学が想像力から生じたものであるがゆえに、フロイトはそれらを遊び、夢、白昼夢と同列に置き、現実回避的で、願望を充足するための行為とした。フロイトは昇華を、文明に拘束されて生活している通常の人間がやむなく採っている方法と考えたが、しかし彼の見解からいくと、もしリビドーが十分に発散されたならば、芸術も文学も必要がなくなることになるのである。

こうした意味あいがばかばかしいものであることは明らかである。フロイトの否定的な見方は二つの前提に基づいている。一つは、空想がヒステリーの症状と同じように、常に満たされない幼年期のリビドーのあがきから必然的に生じるもので、それゆえ非現実的なものであるという前提である。もう一つは、無意識はまったく混沌としたもので、選別したり秩序を得たりする能力を欠いているというものである。

確かに空想のなかには、「無為な」白昼夢として片づけることのできるものがある。我々は皆、何の成果も生み出さない、エロティックな空想や大望がかなった時の空想に耽ることがある。しかしすべての空想がこのようなものだとは限らない。まわりの世界を理解しようとする際、あるいは現実と折り合いをつけようとする際、我々は絶えず空想を働かせており、その空想はある場合には過去の経験の記憶を基としていることがある。新しい、驚嘆するような状況に出会いそうな場合には、我々はそれがどのようになるのかを心に描く。我々は様々な可能性を想像し、それらに対処する時の様相を想像する。別の表現で言えば、我々は現実に向き合うための準備として空想を用いるのだ。

空想は現実から逃避するためのものである時もあるが、しかし現実に「適応する」ためのものであることも度々ある。フロイトは空想を常に現実逃避と主張した。また幼児期の性願望が空想やあらゆる神経症の基であり、ユング宛の手紙のなかの言葉で言えば、「なくてはならない生命体の基礎」と主張した。しかしこうした考え方は結果的に袋小路に行き着いてしまったと私は考える。彼の一般化しすぎる思考方法の格好の一例なのである。

フロイトはイドが混沌としたもので、選別したり秩序を得たりする能力を欠いていると想定したが、もし彼がもっと詳しく人がものを創造する過程を調査していたら、その考えを変えていたかもしれない。グラハム・ウォラスは、創造の過程について四段階に分けて記している。彼は各段階を、「準備期」、「孵化期」、「啓示期」、「立証期」と呼ぶ。準備期は一つの問題が可能な限り徹底的に、あらゆる方向から調査される段階である。この段階は意志の指導の下、意識された状態で統制されており、フロイトが「第二次段階」と名づけた心理作用の型と酷似している。

第二段階である孵化期は、第一段階とはまったく異なっている。この段階では、当の問題は脇に追いやられ、それが長期になることもある。芸術家であれ科学者であれ、彼らの語るところによると、彼らは何かを創る際、意識的な活動をやめ、休みを取らなければいけないらしい。ブラームスは音楽のインスピレーションの萌芽を「贈り物」と言っているが、このインスピレーションをできるだけ完璧に、一定期間捨てておかなければならないとも言っている。彼は次のように書いている。

アイディアはとうもろこしのようなものだ。気がつかないうちに密かに成長している。(……) 私はおそらく半年くらいはもうそれについて考えないことにしている。だが何も失われていない。再びそのアイディアにとりかかってみると、意識しないうちに新たな形を取っており、私が着手する準備をしてくれている(メイトランド、一九一一、六九—七〇頁)。

同じようなことを、数学者のポワンカレやガウスも言っている。ある種の調査と選別と秩序化のプロセスが無意識的に進行し、実際にそうなるかどうかは別として、新たな様式を作り上げたり、問題を解決したりする方向をとっている——実情はこうしたことに違いない。無意識というのは単に、近親相姦についての空想の湯気が立ち上る、ごたまぜのごみ箱などではない。芸術家と科学者双方の活動の共通要素である意味と秩序の探求が、意志の介入なく行われる心の一領域なのだ。

こうした考えはまた、フロイトが自分の発見のなかで最も重要だと考えた、夢の意味についても当てはまる。フロイトの考えによれば、夢もまた現実からの逃避であり、幼児的なものであって、遊びや白昼夢と同列に置かなければならない。彼が死ぬほんの八年前の一九三一年、フロイトは『夢解釈』の英語訳の第三版に新しい序文をつけ、そのなかで次のように言った。

出版時（一九〇〇）に世界を驚かせ、新たに心理学に貢献したこの書に、本質的に内容の変更はない。非常に幸運なことに私がなし得たあらゆる発見のなかで、現在の私の判断から言っても最も価値ある発見が、この書には記されている。このような洞察を得ることは、人生のなかでも一回あるかないかである（フロイト、一九五三c、xxxii頁）。

当時の時代思潮のなかで、つかの間で二度とは現れず、個人の主観的な話を拠り所としている夢というものを、科学研究の対象として扱うことができると主張したことは大胆なことであった。一九〇〇年はまだ脳波図も生み出されておらず、またレム睡眠も、発見されるのはそれから五〇年後のことであった。現代の研究は、脳が行うある種の調査や選別の過程と夢との間に、何らかの関係があることを明らかにしつつあるが、しかしその機能が正確にどのようなものかは依然として不明である。フロイトは、夢が重要な現象であることを認識した点で時代を先取りしていたが、しかし彼の説明は、時の試練に耐えられなかった。フロイトの夢についての理論は、彼の一本気なところ、手先の器用さ、一般化する傾向が反映してしまっているのだ。

フロイトは、まず例外なく夢は抑圧された願望の、偽装した、幻覚としての充足だと主張した。彼はまた、ヒステリーに関する理論の場合と同様、夢が目下の願望を表しているばかりでなく、幼い頃からの願望の充足の恒常的表出でもあると主張した。彼は次のように書いている。「我々の夢の理論は、幼少期に生じた願望を、夢を形成するための必要欠くべからざる原動力と見なしている」（フロイト、一九五三c、五八九頁）。これらの願望は容認し難く、また心穏やかならざるものになる可能性があるので、検閲を受け偽装させられる。それゆえ被験者が思い出す夢は、多少なりとも容認可能な「表に現れた内容」でしかない。「裏に隠れた内容」は受け入れ難い幼児期の性に関わる願望で、この表に現れた内容が精神分析の検査と解釈を受けた場合にのみ、それがどのようなものか定めることができるのだ。

とりわけ夢の意味に関わるこの理論は、いくつかの点で巧妙にできあがっている。フロイトは既に、幼児期における性的願望が、神経症を引き起こす原因であるとしていた。見てきたように、彼は夢を、原始的で、退行的で、幼稚なものとして、遊びや空想と関連づけた。通常の人間も神経症患者も夢を見るのだから、フロイトの夢の理論は、精神分析を、あらゆる人に通ずる心理の一般理論として築きあげる道を開いた。幼児期における性の痕跡は、いわゆる「通常の」人々にもある程度残存しているので、夢は禁じられた願望の間接的表出を可能にする安全弁と見ることもできただろう。フロイトは無意識の心理作用を、イドの混沌状態から発生するがゆえに、原始的で、まとまりのない、現実と関連性をもたないものと見なした。このために結局夢は、精神分析理論の必要欠くべからざる構成上の基礎である、幼児期の性と根本的に関係があるにちがいないということになった。たとえ一見したところ多くの夢が、それとはまったく異なる物事を反映しているように思えようとも、そのようになったのである。

たとえばフロイトは「狼男」の神経症の原因を、この患者が見た悪夢を解釈することで再構成した。この患者を脅かした夢は、六、七匹の白い狼が、彼の寝室から見える外の胡桃の木の枝に座っていたというものである。この夢の解釈にこぎ着けるまでの手際のよい段取りが、多くのページにわたって記されてある。そして最後にフロイトは、表に現れたこの夢の内容の裏に隠れているのは、患者が一、二歳の時に原光景を見たこと、すなわち一度に三回行われた両親の後背位性交《コイトゥス・ア・テルゴ》を見たことであると結論づけた。狼男はフロイトを大変慕うようになっていて、おそらくこのとき、再構成して出たこの結論を受け入れたように思われる。粉骨砕身努力してくれ、しかも著名で言葉の巧みなこの精神分析家に逆らうことは難しいことであったに違いない。しかし後のインタヴューで、狼男は次のように言っている。

僕は夢の解釈なんて大したものだと思ったことは一度もない。僕の話のなかの何が夢で説明されたと言うんだい？　フロイト氏はあの夢から引き出した原光景に、あらゆるものを帰因させている。でもその場面は夢のなかには出てこない。フロイト氏は白い狼を寝間着やそれに類したもの、たとえば麻のシーツや衣類だと解釈しているが、あれはどうもこじつけだと思うよ。窓が開くなどといったことや、狼が座っているといった夢のなかの場面と、フロイト氏の解釈とは、まったく異なるものという気がするね。あれはひどいこじつけだよ（オブホルツァー、一九八二、三五頁）。

おそらく非常に多くのフロイトの患者が、だいたい同じように振る舞い、感じたことと思う。言うまでもなく、あの有名な「ドラ」も、解釈に圧倒されたがゆえに異議を差し挟まなかったのであろう。フロイトの著作を読み返してみると、アイロニックな結論に至る。つまり、彼が最も誇りに思った「発見」である夢の理論は、精神分析の理論のなかでも、最も説得力の乏しいものの一つだということである。

フロイトが『トーテムとタブー』で、人類学の分野に足を踏み入れたことも、袋小路に陥ったもう一つの例である。この書が初めて出版されたのは、現代の人類学が確立する以前の一九一三年のことゆえ、フロイトが『金枝篇』の著者であるジェームズ・フレイザー卿のような「机上の」理論家に頼っていたことは、大目に見るべきである。だが、ダーウィンの確信に満ちた信奉者なのに、都合が生じてくると、獲得形質は遺伝し得るというラマルク的信条に固執するのは見逃せることであろうか。フロイトは原始人が小さなグループ、すなわち「ホルド」を作り、ただ一人の力をもった男に支配されて生活していたと思っていた。この男は女をすべて独占したばかりか、力ずくでライバルの年下の男たちを追い出した。そしてフロイトは次のようにほのめかしている。「ある日追い出された兄弟たちが一緒になって父親を殺し、食ってしまった。こうして家父長的ホルドに終わりをもたらした」（フロイト、一九五八、一四一頁）。フロイトの考えによれば、この原初の父親殺しが実際にあった出来事で、彼自身の言葉を用いれば、「消しがたい痕跡を人類史」に残したのである。このような痕跡の一つが激しい罪悪感である。この罪悪感のため、この若者たちは殺した父親が残した女たちを所有する権利を放棄した。それればかりかこの罪悪感のために、フロイトの見方では父親を表す、トーテムの動物たちの殺戮を禁じるタブーが生み出されたのである。フロイトはこのトーテムの儀式が、過去においては現在よりも一般的に行われていたと考えた。そしてその目的は、この犯罪行為の再現であり、トーテムのグループ内での性行為を禁ずるタブーを再確認することであった。フロイトはこれを「人類の一番初めの祭儀」、「数多くの物事――社会組織、道徳的抑制、宗教――の始まり」と呼んだ。フロイトは、もし自分のトーテミズムに関する解釈が受け入れられるのならば、その根本的タブー、すなわち近親相姦と父親殺しに対するタブーは、エディプス・コンプレックスのなかのあの二つの抑圧された願望に一致する、と指摘した。フロイトはその論の巧妙さに酔っていたに相違ない。彼の性格の単純さと事を一般化する能力は相まって、すべての道徳、宗教、社会組織の由来を、まさに彼が発見したエディプス・コンプレックスに求める理論を作り出したのである！　死ぬまで彼が、彼の理論のよりどころであったラマルク主義的姿勢を崩そうとしなかったことは、何ら驚くべきことではないのである。

フロイトの理論の穴をほじくり出すことは簡単なことではあるが、しかし私は最後に、彼の遺産に敬意を表することで本稿を締めくくり、同時に、立証するための証拠が極めて乏しい理論が、何ゆえこれほど西欧世界に広まったのか、一、二示唆を与えたい。

第一に、フロイトが我々の寛容の心を拡げたことは、ほとんど疑いようのないことのように思われる。神経症の種はごく幼い時にまかれるとフロイトが主張したために、我々は前よりも子どもの感情的欲求に注意を払うようになり、また子どもが社会のルールに反する行動をした場合、前よりも、彼らを罰するのではなく理解しようという気持ちになっている。我々は犯罪者を扱う場合にはまだまったくの無力ではあるが、しかし厳しい罰を下しても、犯罪の抑止にも犯罪者の矯正にもならないことを前よりも認識しているし、反社会的行為は人間の生来の邪悪な性格ではなく、社会からの疎外や絶望という感情を反映しているのだろうと、前より一層考える傾向にある。いかなるものであれ、慣習に従わない性行為は、よこしまで堕落していると非難するのは昔のことになってしまった。男性も女性も、自分たちがまったく意識していない衝動に強い影響を受けることがあるとフロイトが主張したため、社会は以前ほど単純な道徳的判断を下さないようになっている。ヴィクトリア朝のお上品さの覆いがとれたのは、また男女の生活における性衝動の重要性に重きが置かれたのは、また性が公然と論じあえるものになったのは、すべてフロイトのお陰なのだ。しかし同時に、精神分析のために我々は以前よりも懐疑的になった。フロイトの還元主義的姿勢は、あらゆる人間の努力を最も低い共通要素に落とそうとするものであるがゆえに、我々は道徳的に優れているように見える人たちに疑惑のまなざしを向けるようになった。家族を道連れにするマゾヒスティックな殉教者、自分の受ける罰を道徳的に正当化しようとするサディスト、このような偽装を見破ることは確かに価値あることである。しかしこの人間の価値を低めようとする傾向は、行き過ぎだと考える者もいる。他愛主義や無私の愛や自己犠牲に疑いを抱き、こうした行為が純粋に高邁なものだともはや認めなくなるのは、度の過ぎたことだというのである。

私の個人的な見方では、フロイトの遺産のなかで最も長く残るものは、彼の臨床医としての報告であり、その治療技術であろう。実地治療で患者を観察することにかけては、フロイトの右に出るものはいなかった。そして病因についての彼の説明に同意はできなくとも、彼の症例についての解説は心を引きつけるものがある。私は既に、憂鬱症や強迫神経症的性格に関する彼の報告について述べた。我々は皆、パラノイアに関する彼の説明——シュレーバーの症例——から、たとえ退行的ホモセクシュアリティーという観点からの彼の病因についての解釈が全く不十分だと知りつつも、知識を習得することができる。

フロイトの治療技術について考えてみた場合、後に実に多様な形で出て来た心理療法のどれもこれもが、彼の恩恵を被っていることを我々は知る。フロイトの処置方法とそれが神経症患者におよぼした影響の革命性は、まだ過小評価されている。フロイトの時代においては、精神科医は今日よりもはるかに権威主義的であった。彼らは一角の人物であり、患者はへりくだりながら診てもらった。精神科医は、専門家としての訓練や社会的名声から得た自信満々な態度をみせつつ、処方箋を渡し、指示と忠告と元気づけの言葉を与えていたのである。フロイトが催眠術の使用をやめたことは、彼が従来の医者とはまったく異なった姿勢をとったことを示している。彼は神経症の原因が謎めいていることを認識し、また調査への探求心も強かったため、それまでの精神科医がとっていたもったいぶった態度を、かなぐり捨てなければならないような方法を用いた。彼は、患者のことを知ろうと思うなら、権威を捨て、主導権を患者に渡して、大半の時間は受け身の聞き手に徹しなければいけないことを認識した。自由連想は革命的なものであり、その結果もまた革命的であった。フロイトこそ我々に、いかに患者の話を聞くべきかを教えてくれた人物なのだ。医者が主体となって、比較的受け身の患者に何らかの処置を施すという従来の治療法を、自由連想は駆逐してしまった。患者に主導権を与えることで、自由連想は精神分析を治療法の一形態に変えてしまった。つまり患者が処方や医者の命令に頼るのではなく、解釈を施してもらい、抑圧をゆるめてもらいながら、自分の力で自分を治すにはどうすれば一番よいかを学ぶ療法に変えたのだ。それ以降、精神療法という名に値するいかなる療法も、基本原則としてこの方法を用いている。

そして確かに自由連想を用いたためにフロイトは、患者の感情生活において、自分自身が重要な存在になったと考えざるを得なくなった。今日精神分析的な療法においては、いかなる類の療法であれ、感情転移はおそらく唯一最も重要な要素となっているであろう。そしてこの感情転移について我々が理解できるのは、フロイトが患者に自由に連想してみるように言った時、患者が述べていることが必然的に、その患者のフロイト自身に対する態度であることを彼が知ったからなのだ。当初フロイトは、このことを極めて不快に感じ、感情転移をのろわしいものとして語ったことは覚えておいたほうがよい。彼の理想は、熟練した専門家、すなわち「山登りのガイド」として受けとられることであった。しかし彼の患者は彼に再考を迫った。今日我々は感情転移を、フロイトの見なし方とはかなり異なったふうにみるが、この現象に注意を向けた最初の人物という意味で、我々は極めて大きな恩恵をフロイトに負っているのである。

おそらくフロイトは、その時代に生まれて幸運であったろう。心理についての主な理論を編み出したその時代、進化や「人間の由来」に関するダーウィンの考え方が受け入れられるようになったばかりであった。ダーウィンは、人間が神の特別な創造物ではなく、霊長類のなかで最も進化したものに過ぎないことを明らかにすることで、新しい心理学の誕生の道ならしをした。この新しい心理学は、心理についての哲学、感覚や条件反射、人間としての精神の特質などに基づいたものではなく、人間が動物と近似であることを根本理念としたものなのである。本能に基礎を置いた心理学、すなわち、人間であれ動物であれ、その行動を治める基本的な生物学的諸力の研究に基づく心理学が出現する機が熟していた。前に指摘したように、精神分析は、極めて複雑な行動を、単純な生物学的原因に還元することを目的としている点で、ダーウィン主義と共通していたのである。

フロイトはまた、物理学者が物質の構造を認識し始めた時代に属していた。電子は一八九〇年代に発見された。今世紀初めの科学的な理解の仕方は、ものの構造を基本的構成要素に還元するものだと言ってもおかしくはない。時として精神分析の欠点が見過ごされたのはこのためかもしれない。フロイトのとった完璧な還元主義的姿勢は、統合という観念を省いてしまった。つまり、「ゲシュタルト」心理学がとった、あるいはケストラーが後に言うところの「異縁連想」がとった、複数の一見個々バラバラに見えるものから、新しい全体像を作ることが必要だという考え方を省いてしまったのだ。このために、芸術や宗教のもつ創造的な面についてのフロイトの説明は、ひどく不十分なままなのである。

フロイトを読み返してみて、私は彼の理論の多くに懐疑的になったが、同時に彼が根本的に重要な存在であると前よりも一層強く確信した。彼の発表した理論がたとえ全部間違っているということになっても、依然として我々は彼から大きな恩恵を受けている。おそらく「狼男」の言葉がそれをはっきりと言い表しているであろう。彼は、その長い人生の終わりの頃に受けたインタヴューのなかで次のように答えている。「フロイトは天才だった。それは否定できない。彼が一つの体系にまとめあげたその考え方（……）〔のうちの〕多くが真実でないとしても、それは素晴らしい業績なのだ（オブホルツァー、一九八二、二二五頁）。

# 第四章　コンラート・ローレンツ（1903–1989）
# ニコラス・ティンバーゲン（1907–1988）

――ロバート・A・ハインド

コンラート・ローレンツ（1903–1989）

ニコラス・ティンバーゲン（1907–1988）

オーストリアの動物学者および動物行動学者であるコンラート・ローレンツは、一九〇三年一一月七日、ウィーンに生まれた。父は整形外科医であった。ニューヨークのコロンビア大学で二学期を終えた後、父の意志に従いウィーン大学で医学を修めた。だが彼が一番興味を持っていたのは、常に動物学であった。アルテンベルクで過ごした少年時代、水槽や鳥籠を作り、池や動物用の柵のある庭を、小さな動物園に仕立て上げた。そこで魚、鳥、サル、犬、猫、ウサギを飼ったのだった。一九二八年に医学博士号を取得した後、比較解剖学で博士号を得ようと研究を続け、一九三三年、ウィーン大学でこれを取得する。

この時代に彼は、鳥類（コクマルガラスやハイイロガンなど）のコロニーを作り上げ、初めて行動の生態学の輪郭を克明に提示する研究を生み出した。これには、群居性カラスの動物行動学（一九三一）、鳥の種特異性の行動パターン（一九三二）、鳥の世界の社会的局面（一九三五）に関する論文がある。本能的行動の本質を探究し、生得的解発機構、刷り込み（一九三五）、成長過程での鋭敏期、環境特異性のエネルギー、といった概念を書き留め、これは一九三七年の『生態理論』誌に発表された独創的な論文で完成をみる。同年彼は『動物心理学』誌の編集主任となり、ウィーン大学で比較解剖学と動物心理学の講師に任命される。この頃、ローレンツはまた、オランダの動物行動学者ニコラス・ティンバーゲンと親交を結び、共同研究に取りかかる。

本能行動パターンの自発性を発見した後の数年間に、ローレンツはいよいよ人間の行動に関心を持つようになる。だがその際の結論に基礎を提供したのも、やはり動物の観察からもたらされたものだった。一九四〇年から一九四二年の間にケーニヒスベルク大学アルベルトゥス校に哲学のポストを得、ここでも彼は一般心理学科の長となった。しかし第二次世界大戦は彼の活動を妨げた。一九四二年から従軍医となったローレンツは、一九四四年にソ連軍の捕虜となる。一九四八年に釈放されて後、故郷のオーストリアに戻った。

一九四九年から一九五一年の間アルテンベルクの比較動物行動学会の会長となったローレンツは、一九五〇年、西ドイツはヴェストファーレンのブルデルンに、マックス・プランク協会によって研究所を与えられた。一九五七年にこの研究所はミュンヘン近くのゼーエヴィーゼンに移り、マックス・プランク行動生理学会となり、一九六一年から七三年まではローレンツによって指揮された。これは動物行動学のヨーロッパ学派にとってたちまち活動の中心となった。ローレンツは、カモやガチョウ、カワスズメや珊瑚礁に棲む魚の様々な種を含む、人間以外の種の研究を続けた。一九六三年、数多くの観察記録や発想の集大成として、『攻撃』を著した。これは動物の攻撃的な行動の生態学的機能を探究し、読者にとっては人間の攻撃的な行動に対する理解も与えてくれるものである。

一九七三年、ローレンツは、動物行動学の開拓者としてその発展に貢献したことで、ティンバーゲンおよびカール・フォン・フリッシュとともに、栄えあるノーベル生理学医学賞を受ける。この年、彼はまた、アルテンベルクのオーストリア科学アカデミー比較動物行動学会の動物社会学科主任となり、『鏡の裏側——人間の認識に関する自然史の探究』を出版した。(英訳の出版は一九七七)。

その後『ハイイロガンの年』(一九七九)が出版され、一九八一年には、『比較動物行動学』の英訳『動物行動学の基礎』が出る。これは彼が自分のライフワークの主題を述べ、それを自ら評価している著作である。一九八九年死去。

生物学者・動物行動学者であるニコラス(ニコ)・ティンバーゲンは、一九〇七年四月一五日にハーグで生まれ、一九八八年一二月二一日にオックスフォードで死去した。ライデン大学に学び、初期の研究はここで行われた。一九四九年、オックスフォードに移ったティンバーゲンは、ここに動物行動学のための重要な拠点を築き上げる。彼の研究は数多くの賞と栄誉を受けるが、なかでも一九七三年には、コンラート・ローレンツ、カール・フォン・フリッシュとともにノーベル生理学医学賞を受賞している。観察に基づいた経験主義的かつ理論的な研究において、ティンバーゲンは、行動の因果関係、発達、機能、進化に関する問いは、論理のうえでは明確であるけれども、交配可能なものである〔相互に多様な意味づけを行いあう〕ことを表明した。動物の行動に関する彼の研究は、主として、野生の条件下で行われた単純な実験を重視するところに特徴がある。彼はとりわけイトヨとセグロカモメの研究を行った。特に重要なのは、「本能的な」行動を解発する刺激の性質、行動の進化、および動機づけのシステムの性質に関する研究である。一九三二年から三三年の間に、ティンバーゲンと妻エリザベト・アメリーは、グリーンランドのイヌイト（エスキモー）と一四カ月間生活をともにし、狩猟・採集生活に興味を抱いた。文化人類学の機関誌に発表されることはなかったものの、ティンバーゲンの論文には、動物の研究から得られた原理が、人間の行動についても応用可能であることを示した議論が数多く見出される。これらは人間の行動学という新しい学問分野に大きな刺激を与えることとなった。たとえば、社会的な解発体についての研究と、儀礼化に見られる進化の過程の研究は、人間の表現活動に関する比較研究の基礎を形作るうえで、多大な貢献をなした。また、動物の動機づけに関する研究は、人間の攻撃性という問題に光を投げかけるものであった。さらに重要なことに、いまや彼の教え子やその他の人々は、彼の練り上げた動物行動学の原理を、多くの文化人類学上の解釈における「文化帝国主義」への対抗手段として用いている。後年ティンバーゲンは、動物行動学から得た原理を、小児自閉症の研究に応用し、新しい治療方法に関する重要な証言を提示した。

〔上記は、以下より許可を得て転載した。デイヴィッド・L・シル編『社会科学国際百科事典』、ニューヨーク、フリー・プレス、一九六八―七九。『ブリタニカ百科事典』、『文化人類学者事典』、ニューヨーク、ガーランド出版〕

動物行動学は一つの理論ではないし、また、研究の領域としては、他の数多くの学問分野と重なり合っている。けれどもとりわけ「動物行動学《エソロジー》」という言葉は、行動を研究する者、特に動物の行動を研究する者の仕事を指して用いられる。この研究者たちは、自分の探究に適った研究態度を共通にもっている。彼らが共通に感じているのは、たとえば、行動の記述と分類は、その分析にとっては不可欠な予備段階であるということ、ある生物種の行動は、その種が進化の過程において適合してきた環境に関する、何らかの知識なしには、適切な理解が不可能だということ、行動の機能と進化についての問いは、その直接的な因果関係についての問いと同じくらいに、有効でありかつ重要であるということ、である（ティンバーゲン、一九六三）。

最後の点については、これが心理学者たちとの主要な相違点であるから早急に強調しておかなければならない。仮に「なぜ親指は他の指とは違った動きをするのか」と問われれば、ひとは、神経と筋肉と骨の関係という、親指の動きの直接的な因果関係によって答えることができるだろう。あるいは、一つの指の基部が発達して行く際に、他の指のそれとは異なった過程を辿ったという、発達という観点からの説明を行うことも可能だろう。あるいはまた、機能という点から答えることもできる。他の指と向かい合っている親指をもつほうが、手は容易に物をつかむことができるし、木に登ることができる、というふうに。また最後に、我々のサルのような祖先たちには向かい合った指があったのだ、と、進化論的な答えを出すこともあろう。これらの答えのうち、心理学者たちは伝統的に、最初の二つの答えだけに興味を示してきた。これに対して動物行動学者たちは、これらすべての答えを同等に扱い、また、論理的には明確であっても、時として交配可能な〔相互に多様な意味づけを行いあう〕答えとして、扱うのである（ベイトソン、一九八六）。

動物行動学者たちと一九三〇年代から五〇年代に活躍した心理学者たちとの違いを際立たせるものが、こういった態度である。つまり、心理学者たちは記述を不要なものと考えたし、ゆきとどいた管理を行うために、おおよそ自然とはかけ離れた、研究室という環境のなかで実験を行い、行為の因果関係と発達だけに興味をもった。だが動物行動学者のほうは、取り組んでいる問題から、分析の水準、方法や理論的な解釈という点に至るまで、これとはまるで異なっていた。

一九七三年のノーベル生理学医学賞は、コンラート・ローレンツ、ニコ・ティンバーゲン、カール・フォン・フリッシュの三人に贈られた。概して彼らが、現代の動物行動学の創始者とみなされている。動物の知覚に関する広範な研究は、もっぱらカール・フォン・フリッシュの業績であり、彼はミツバチの情報伝達に関する研究で最も有名である。彼の研究は他の人々に影響を与え、なかでもティンバーゲンは彼から最も多くを学んだのだが、動物行動学へのフリッシュの貢献のほうは、むしろ、ローレンツとティンバーゲンの貢献によって曇らされてしまう。(1) この章では、筆者はローレンツとティンバーゲンの初期の業績に焦点を絞り、とりわけ、動物行動学の黎明期に影響力をもった、彼らの展開した概念に光をあて、大いに異なりはするが補い合うところの多い二人の性格が、一連の概念を展開させていくことなった事情を明らかにしたい。これらの概念は、その後時代遅れのものにはなるけれども、動物行動学が飛び立つための跳躍台の役割を果たしたものである。また、人間の行為に関する彼らの後期の業績についても、手短かに比較検討しておく。

ローレンツとティンバーゲンは、常に動物行動学の共同創始者とみなされるけれども、二人の研究方法は異なっていた。その結果動物行動学のなかに、たいていは友好的である分裂が生じた。歴史の幸運によって、ローレンツの影響は最初、ドイツとアメリカ合衆国において特に強力であった。アメリカでは、ローレンツとともに研究した二人の研究者(E・ヘスとG・バーロウ)が、早くから名声を確立した。一方ティンバーゲンの影響は、彼の故国オランダと、後に移住したイギリスにおいて優勢であった。したがって、おそらく筆者としては、自らがティンバーゲンの影響のほうをより強く受けている点を言明しておいたほうがよいだろう。彼がオックスフォードに来た時、筆者は博士課程の学生だった。読者は、ローレンツの比較的最近の著書(一九七八)を読んだり、また彼の教え子や以前の同僚と語らえば、筆者のものとはまた違った動物行動学観を得ることになるかもしれない。

ティンバーゲンとローレンツはともに、アカデミックな家庭に生まれた。ティンバーゲンの父親はグラマー・スクールの教師であり、中世オランダ語を専門とする学者であったし、父方と母方の両家ともに教師がいた。一家は非凡な一族と言ってよい。というのもそこには、二人のノーベル賞受賞者(ニコの他に、兄は経済学で受賞)、ハーグ電力の社長、有望な卓越した才能を開花させたばかりで亡くなった、もう一人の動物学者、および、父同様教師になった妹がいたからである。ローレンツの父親は、生まれは質素であったけれども、優れた外科医であって、自分の息子もまた医学の道に進むことを強く望んだ。しかしながらコンラートが医師の資格を得てからは、この息子が比較解剖学で博士号を取得することを黙認し、またその後、息子が給与の得られるポストに就けずにいた時期、長年にわたって援助した。

ティンバーゲンとローレンツはともに、動物に対する情熱的な関心を抱いていた。もっともその関心は、現れ方という点で大きな違いがある。ローレンツは動物を飼うことが好きで、オーストリアのアルテンベルクにある自宅に、様々な種からなる動物園を作った。彼はまた、アルテンベルクおよびミュンヘン近郊のゼーエヴィーゼンにおいて、自分の手で育てた、半ば飼い慣らされた状態のガチョウを研究した。フィールドワークをすることはなかったが、半飼育状態の動物たちを忍耐強く観察し、時には彼らと一体感をもち、ついには一般的な公式を考え出すことができた。一方でティンバーゲンは、ひたむきにフィールドワークを行う博物学者であった。彼はある自伝的な著述のなかで、博物学に自分が興味を持った原因は、オランダで百年にわたって育まれてきた、自然に対する普遍的な関心である、と述べている。若い頃は、ハーグ周辺の海岸や森や干拓地を、あるいは家族で夏を過ごしたフルショーストの、近隣の砂丘や松林を探索して、多くの時を過ごした。ティンバーゲンは、捕獲された動物から多くの実験を始めたが、彼が取り組んだ問題は、フィールドからそのまま研究室にもち込まれた類のものであって、何よりも彼は、自らフィールドにいることを好んだ。ベーレンズは、ニコ・ティンバーゲンとコンラート・ローレンツの対照的な違いを次のように述べている。「彼らはともに、動物たちとの共生を偏愛している。ニコは、どちらかといえば参入はせず、隠れた観察者としての共生を、コンラートのほうは、参入を許された異質のメンバーかつ保護者としての共生を」(ベーレンズ、一九九一、一三頁)。

このような違いはまた、教え子たちとの関係にも反映されている。ともに熱狂者であり、卓越した寛大な教師であったが、ローレンツのほうが権威主義的ながら優しい父親的教師であったのに対し、ティンバーゲンのほうはよくある進取の気性をにじませていた。動物に対する態度の違いも、おそらく彼らの研究方法の違いと無関係ではないだろう。ローレンツは、自らの観察結果を、現行の生物学上および哲学上の見解に、一致させよう、あるいはむしろ、それと対照させよう、と努めた思想家であった。ティンバーゲンのほうははるかに経験主義的で、より多く観察と実験を行い、問題は動物に答えさせるというフォン・フリッシュの方法を採用した(ベーレンズ、一九九一)。ローレンツは常にアイディアに富み、ティンバーゲンは常に演繹に対して慎重であった。この違いを物語る逸話がある。一九五〇年、筆者が二人とともにケンブリッジのジーザス・レーンを歩いていた時のことである。二人は、動物が何かを行っている際、その行動がその種に特徴的なものであるという一般化を行うまでには、それをどれほど頻繁に観察しなければならないか、ということを論じていた。ローレンツは、「少なくとも五回」と言った。ティンバーゲンは笑いながら彼の肩をたたいて言った、「冗談じゃないよ、コンラート、君はたった一度しか見てない時にもそう言ったじゃないか」。

だがこのような性格の違いにもかかわらず、ローレンツとティンバーゲンは、動物行動学の発展にとって重大な意味をもった研究へとともに歩みを進めて行く。ある時には、二人とも、「本能」の現象は分析不可能であるとする生気論的見解を斥け、また、全体は部分の総計よりも大であるから分析は不必要だという見解を含意している、ゲシュタルト概念の濫用を斥けた。またある時には、二人とも、生理学的「機構」を顧みずすべての有機体の入力／出力関係に焦点を絞っている行動主義者たちを斥け、そしてまた、後に述べる理由から、比較心理学者たちによる数多くの人為的な実験を斥けた。

二人が初めて個人的に出会う一九三六年よりも前に、ローレンツの初期の著作はライデンにおけるティンバーゲンとその仲間たちの研究に影響を与えていた。二人はこの初めての出会いで、互いの性格が補い合うものであることを発見した。ローレンツは話し好きで常にアイディアに富み、ティンバーゲンは相手の話を聞き、アイディアを批判的に検証することを好んだ。これが長年の友情の始まりであった。翌年ティンバーゲンは、アルテンベルクのローレンツのもとに一時滞在し、そこで、ガチョウの空中捕食獣に対する反応を顕在化させる刺激、およびガチョウが巣から転がり出た卵を回収する方法を分析するため、実験的な研究を開始した。

二人は第二次世界大戦の間は離別することとなった。ティンバーゲンは大戦中ほとんどの時間を人質収容所で過ごし、オランダの地下組織の活動に対する報復として射殺されかねない、という危険に晒されていた。一方ドイツ軍に入ったローレンツは、数年間をソ連の捕虜収容所で過ごした。ローレンツは、全ドイツ人に共通する運命に対する信仰を父から受け継いでいて、親子ともどもナチの価値観を賞賛していた。くわえてローレンツは、一九三〇年代にあっては珍しいことではなかったが、文明化した人間というのは発生学的に退化したものであるという見解を支持し、優生学的原理が長期的な解決をもたらすものであると考えた。したがって、大戦の初期段階で書かれた彼の著作のいくつかは、ティンバーゲン（およびその他多くの人々）には受け入れ難い見解を表明している。これで二人はほとんど仲違いに行き着くところだったが、その後ローレンツは誤りを認めて謝罪し、ティンバーゲンもこれを許し、ほとんどを忘れることにした。この問題はやがて、動物の行動に対する二人の熱烈な興味の背後に消え失せて行くことになる。ローレンツの動物行動学に関する回顧的な著作（一九七八）は、ニコ・ティンバーゲンに捧げられている。

一九三〇年代半ばに、ローレンツは二つの概念を導き出した（一九三二、一九三五、一九五〇a）が、これらは動物行動学の発展に対して重要な影響をもつことになった。種特異性の行動の多くは、極めて特殊な刺激事態によって顕在化させられるものであることを観察し、生得的解発機構（innate releasing mechanism＝IRM）という仮説をたてた。これは鍵穴が鍵に合うように、刺激に適合するもの、とされている。そして、多くの行動様式は、解剖学的特色であると同時に、種の特質であることに気づき、「固定運動型」（fixed action pattern＝FAP）という用語を作り出した。型にはまったFAPが実行に移される場合、通常動機づけは低下している。これらの型は、「欲求行動」（appetitive behaviour）を含むとされる、より多様な一連の行動の初期層と区別するために、しばしば「完了行動」（consummatory acts）とも呼ばれる。以上の二つの概念は、本能的行動に関する包括的理論にとって主要な項目となった。それは、後にほとんどすべての事項について修正が施されるとはいえ、当時ヨーロッパで優勢だった主観主義および合衆国で花開きつつあった行動主義のもつ、根本的な不毛性を回避できるものであった。

ローレンツは、適切な刺激も存在していないのに、数多くの固定運動型（FAP）が、時として「自発的に」現れる様子を観察した。たとえばローレンツは、籠に入れられたムクドリが、虫など飛んでいないのに、これを捕まえようとする行動を起こしたことにしばしば言及している。このような、適切な刺激が存在しないのに現われる一連の行動は、「真空行動」と名づけられた。そのためローレンツは、いずれの固定運動型も、それ独自の自動的な動機づけの源泉をもっており、これは他の行動様式の源泉とは重なり合わないものである、と仮定した。彼はこれを、「反応特異性エネルギー」で満たされた貯水槽として図示した。「反応特異性エネルギー」は、生得的解発機構（ＩＲＭ）に応じて作用する外的刺激の働きによって、つまり、図４・１の装置における、流水の流体静力学的な圧力によって、行動へと解き放たれる。このようにして彼は、種特異性の動きは、ある鍵刺激によって引き起こされるか、刺激が存在しないように見える場合には、動機づけの強化によって引き起こされる、という事実を説明することができた。もちろんこのモデルは、フロイト（一九六六）やマクドゥーガル（一九二三）が用いたものと非常によく似ている。ローレンツ（一九五〇ａ）は、これが「仮想」モデルであること、このような貯水槽が実際に脳のなかに存在していると言っているわけではないことをはっきりと断っている。

ティンバーゲンと彼の共同研究者（おもにヴァン・イアーゼルとゼヴェンスター）によってなされたトゲウオ（イトヨ）での実験は、一つの種の運動様式のいくつかは、動機づけという点では独立している、というローレンツの見解を追認することにはならなかった。特定の刺激全体（＝「事態」）は、いくつかの機能的に関連し合っている固定運動型の解発に必要な刺激の限界（＝「閾」）を、下げることがあった。「閾」の変化は「事態」が去った後にまでおよんだため、ティンバーゲンは、いくつかの固定運動型に適った主要な状態のなかに、ある変化が存在したのだ、と推論した。そのため彼は、「動機づけ衝動」が装塡され得る中心部を階層化するモデルを、入念に作り上げた（図４・２）。解発の要因

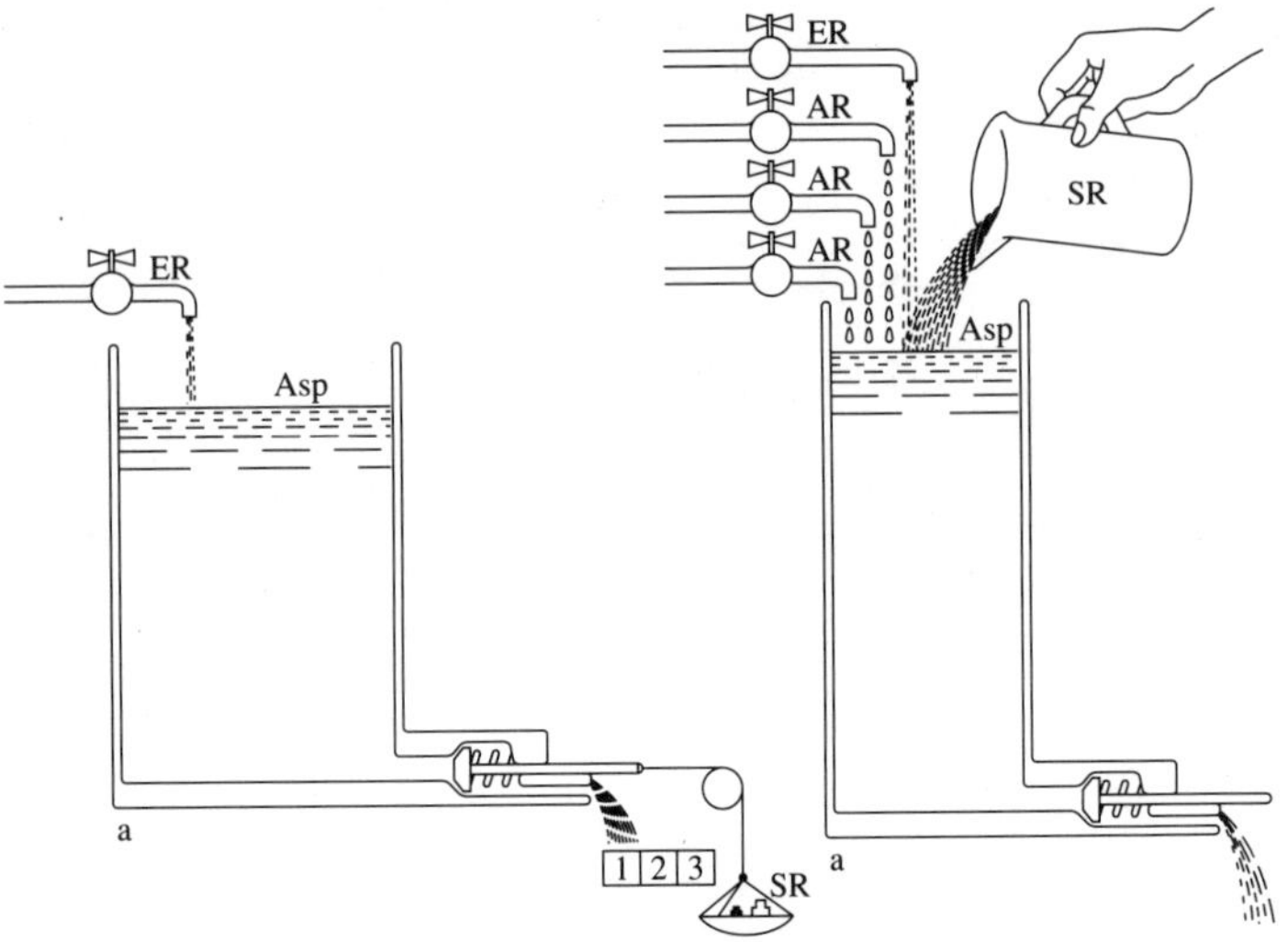


図4．1　ローレンツによる，動機づけの「心理＝水力学的」モデル．
出典：ローレンツ，1978より．シュプリンガー社の許可を得て転載．
注：最初に考え出された図（左）では蛇口ERは，「行為特異性潜勢力」（Asp）の内発的な源泉を表している．これは，天秤皿の重り（SR）によって表されている，外的刺激の作用によって，つまり，流体静力学的な圧力により弁が開かれることによって，スプリング弁から解き放たれることが可能になる．右の図は後に書き換えられたものであり，刺激のもつ，解発効果と動機づけの効果の違いが最小限に見積もられ，動機づけの非特異性の源泉（AR）が寄与することは少ない，ということも示されている．

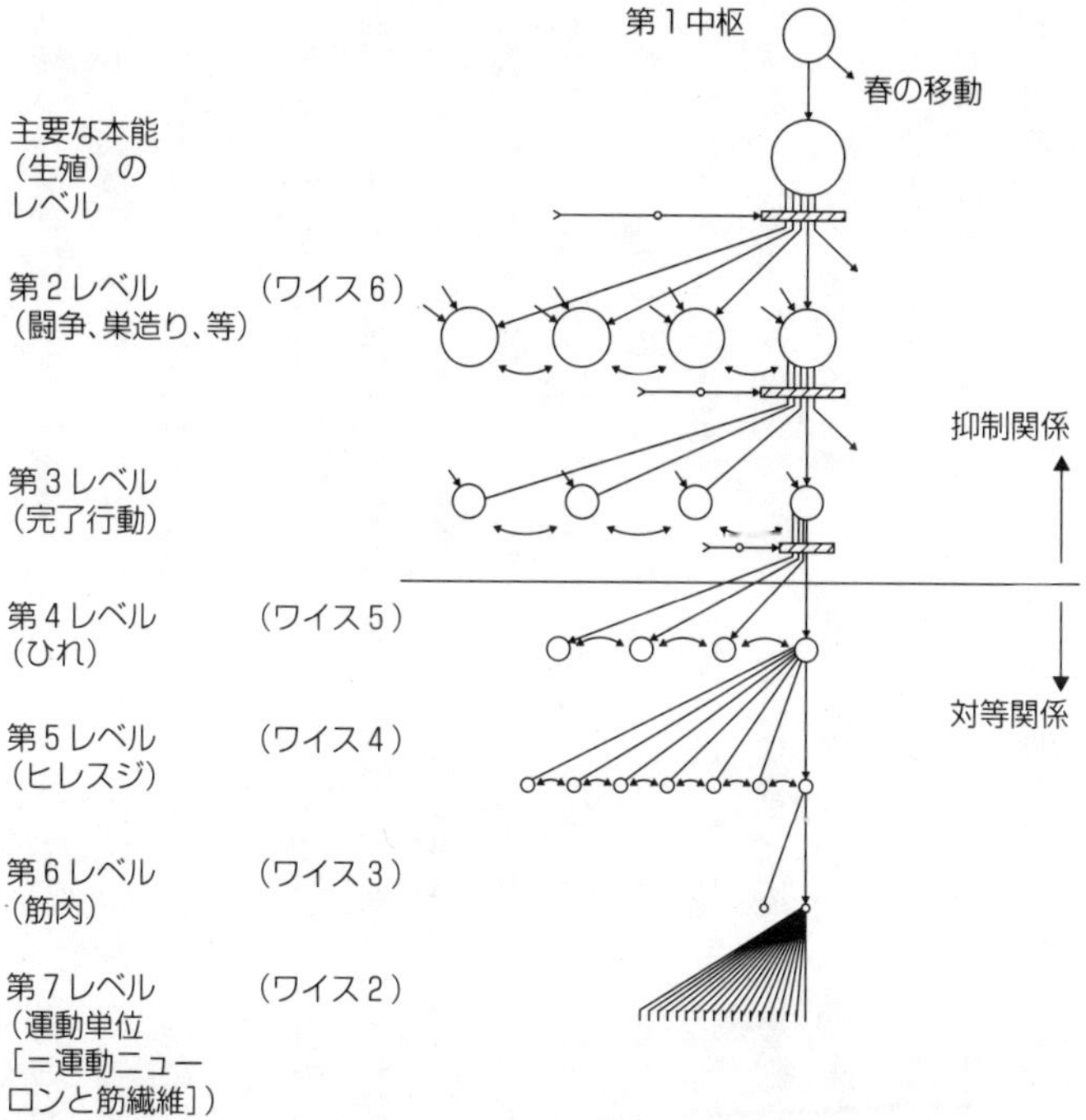


図４．２　ティンバーゲンによる「中心部」の階層的なシステム．イトヨの「生殖本能」の基礎となる．
出典：「ティンバーゲン，1951」より．オックスフォード・ユニヴァーシティ・プレスの許可を得て転載．
注：水平線のすぐ上にある（円によって示されている）中心部は，複数の固定運動型（FAP）を統合する．より上部にある中心部は，作動体のいくつかのレベル，水平線の下にくる，複数の固定運動型（FAP）の群れを，動機づける．それぞれの中心部の下にあるのがブロックで，これは適切な刺激によって取り払われ得る．

が、ある反射的な機構、つまり生得的解発機構を作動させ、それによってブロックが取り払われるまで、動機づけ衝動は放出を阻止されていた。連続したレベルにおいて生得的解発機構が作動させられていたので、動機づけ衝動は、それらがやがてある固定運動型の実現によって、つまりは完了行動によって放出されるまで、より低い中心部に収まっていることが可能だったのである（ティンバーゲン、一九四二、一九五一）。

ある意味でこの図式は、ローレンツによる「仮想」水力学的モデルほど洗練されてはいない。「中心部」と局所的な神経性の機構との間、「動機づけ衝動」と神経インパルス（神経繊維に沿って電動される化学的・電気的変化）の間に、緊密な対応関係が含意されているからである。ティンバーゲンは自らの図式の裏づけとして、視床下部の局所刺激は、完成された行動様式を顕在化させ得る、というヘスとブリュ一ガーによる証明を用いた。そしてまた、階層という考え方は、一つにはワイスによる、四肢運動の神経性の制御に関する研究（一九四一）から得られたものであった。

いずれにせよ、それぞれの行動様式にはそれに適った単一の動機があるという概念は、あまりに単純であることが明らかになった。どの行動様式も、多くの要因に影響を受けたものであって、その要因には、一般的なものもあればその効果に特有のものもある。また動機づけに関する「エネルギー」のモデルは、誤解を生むものであり、またいくつかのデータと矛盾することが分った（ハインド、一九五六、一九六〇）。事実、動機づけの低下が「反応特異性エネルギー」もしくは「動機づけ衝動」の解放にたとえ得る、という考えを拒絶するのに貢献したのはティンバーゲン自身の教え子たちであった。バストックたち（一九五三）は、カモメの抱卵行動のある種の面は、この鳥が抱卵期間中に特定の刺激（「完了刺激」）を受け取ると、なくなってしまうということを明らかにした。（この、完了刺激もしくは完了状態という概念は、ローレンツの初期の著作のいくつか［一九三七、一九六六ａ］で、すでに暗黙のうちに語られていたけれども、彼は決してその重要性を探究することはなかった）。またここで重要なのは、フォン・ホルストとミッテルシュテートの以前の研究（一九五〇）が、行動は動物に与えられる刺激と「達成目標」刺激の差異によって制御され得るものである、という点を示していたことである。彼らは、運動中枢における「遠心性模倣」が、活動の結果として作動体と外受容器から戻ってくる「再求心性」によって、破棄されるかもしれない、と示唆していた。そして、二つが一致した時、つまり現在の状況が達成目標と一致した時に、活動は止む、と述べていたのである。このようなデータが示しているのは、動機づけの低下は「解放」という言葉では思い描けない、ということである。かくしてこのデータは、ローレンツのエネルギー・モデルとティンバーゲンの中心部階層化という考え方に対する、強力な批判となった。ティンバーゲンは批判を受け入れ、自らの見解を変更した。ローレンツは批判を認めた（一九七八）ものの、より多くの事実を収録した修正版、しかしながら肝心な論点については回避されている修正版を、生み出した。

しかしながら、ティンバーゲンの階層モデルは、動物行動学にとっては重要な意味をもつことになる別の論点を抱いていた。ティンバーゲンの階層モデルは、複数の運動様式の独立というローレンツの見解を拒否し、それらの間の関係を強調するものであった。これは、ティンバーゲンの最初の教え子であるベーレンズの初期の研究、すなわち、狩りバチとカワスズメ科の魚が見せた、異なった行動様式の間にある関係についての研究（ベーレンズ、一九四一。ベーレンズおよびベーレンズ＝ヴァン・ルーン、一九五

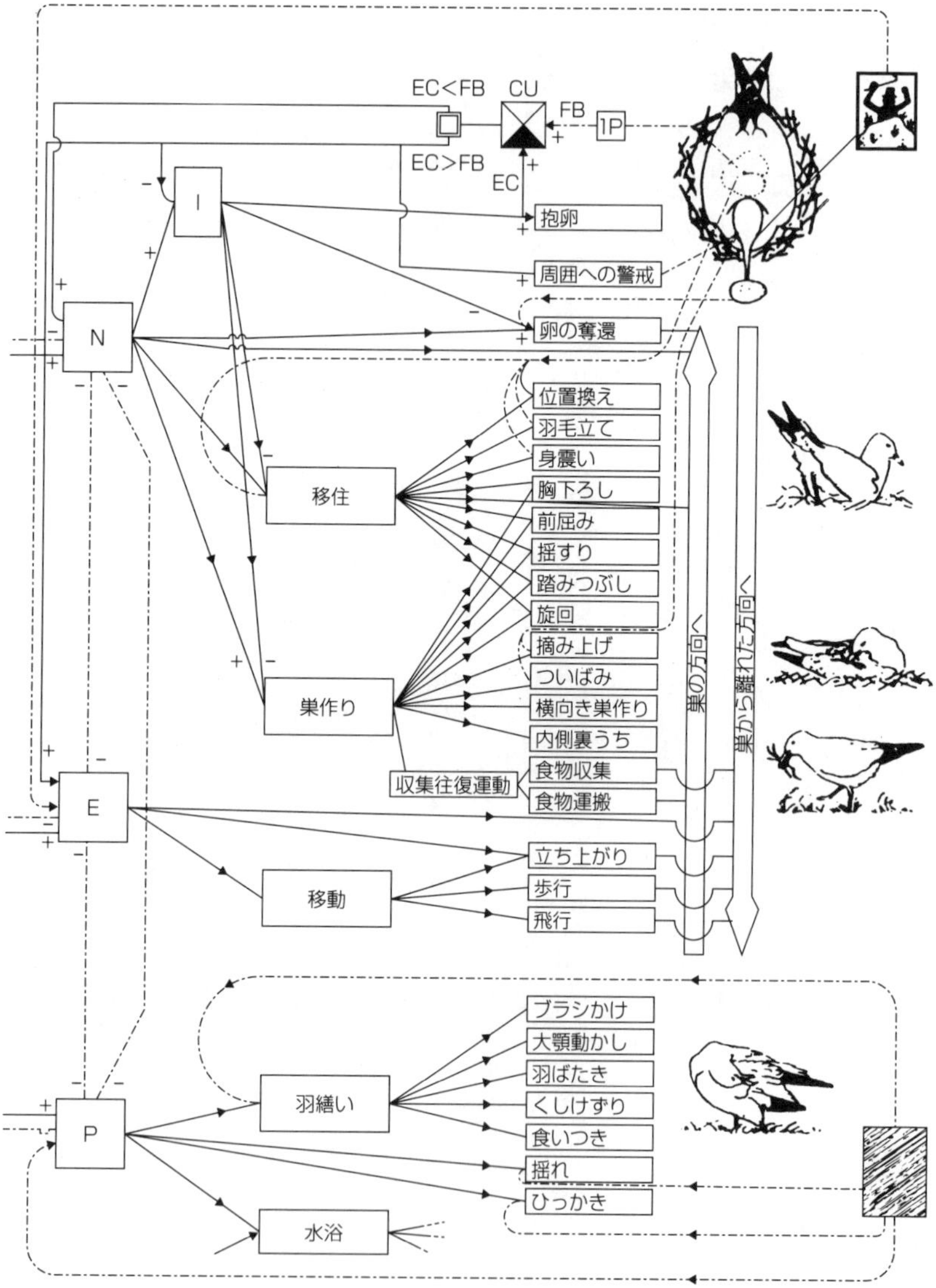
EC<FB
CU
FB
1P
EC>FB
EC
I
N
E
P
抱卵
周囲への警戒
卵の奪還
位置換え
羽毛立て
身震い
胸下ろし
前屈み
揺すり
踏みつぶし
旋回
摘み上げ
ついばみ
横向き巣作り
内側裏うち
食物収集
食物運搬
収集往復運動
移住
巣作り
移動
立ち上がり
歩行
飛行
巣の方向へ
巣から離れた方向へ
羽繕い
ブラシかけ
大顎動かし
羽ばたき
くしけずり
食いつき
揺れ
ひっかき
水浴

〇）を、反映させたものであって、ここから、「行動機構」という概念――機能的に関連しあう、異なる複数の活動間の因果関係を表す、「ブラックボックス」モデル（ベーレンズ、一九七六）（図４・３）――が導き出される。この概念は、その性質上、母と子の関係を説明する点で、動物行動学のみならず子どもの成長過程の研究という領域に対しても多大な影響を与えた。ボールビー（一九六九）は、子どもの「愛着行為機構」、その機構と他の機構（恐怖、探究）との相互作用、様々な種類の親子関係を説明する「子育て行為機構」を仮定した。

固定運動型というローレンツの概念は、ティンバーゲンの研究にもう一つ重要な影響を与えた。ハインロートの初期の研究（一九一一）にしたがって、ローレンツは、アヒル、ガチョウ、ハクチョウにおけるいくつかの誇示活動を比較することにより、種の間にある系統発生論上の関係を追求した。ティンバーゲンはローレンツのおかげで、比較という方法の有効性を認識することになった（ティンバーゲン、一九五一）。進化の過程を跡づけるためにこの方法を用いることは、しばしば奇怪である誇示活動が、どのように進化するものであるかという、補足的な問いを立てることになった。ティンバーゲンの発見は、誇示もしくは誇示の要素が、異なった方法で機能する他の活動から、直接的に受け継がれたと

主要要素
I―抑制機構（フィードバックが期待に合ったときに作動）
N―抱卵機構
E―逃亡機構
P―羽繕い機構

図４．３　セグロカモメの抱卵期における，中断的な行為の発生を記述するために仮定された，３つの行為機構
出典：「ベーレンズとドレント，1970，267頁」より．ライデン，E. J. ブリルの許可を得て転載．
注：固定運動型（FAP）は右側に，第１次・第２次制御機構は左側に示されている．太い矢印は巣に対する方向を，細い矢印は機構間の関係を表している．

見ることができる、ということである。たとえば、多くの威嚇活動は、移動活動の要素を含んでいる。ここから、研究は次の二つの方向に進んで行くことができる。第一に、誇示活動の進化の過程は、比較研究によって跡づけることが可能である。この進化の過程は、これによって誇示活動が信号機能に対しさらに効果的になるものであり、ひとまとめに「儀式化」と呼ばれている。つまり、活動を手のこんだものにすること、誇示活動をより効果的にする顕著な構造の発展、等々のことである（ティンバーゲン、一九四八、一九五二）。

第二に、多くの誇示は、いくつかの矛盾しあうタイプの行動から構成されていることが観察された。たとえば攻撃と逃走、あるいは接近と撤退などである。このことから、闘争や求愛活動で用いられる、一見不可解に見える誇示活動は、矛盾しあう性向が同時に喚起されたことの結果である、という見解が導き出された。この考え方の要諦は、図4・4に示される通りである。ある拮抗状態において、まず第一に関わる性向は、攻撃および逃走であろう。いずれか一方が他方よりも強い場合、動物はいずれか、つまり攻撃か逃走の行動に出る。両者が少なくとも適度の強さをもち、バランスを保っている場合、威嚇姿勢のような両面価値的行動を示すか、一見ちぐはぐな「転移」活動を示す。この仮説は、信号運動の比較研究という領域全体を秩序づけるものとなった（ハンティングフォード、一九九一）。しかしながらティンバーゲンは、一つの種のいくつかの誇示活動は、力の強さや複雑な行動性向の相対的な強さに関する真のメッセージを伝えるものであり、したがって、次に何を行うかを予告するものであると考えた。最近では、これは適応しないと論じられている。つまり、闘争においては、意図を隠すほうが良いからである（メイナード・スミス、一九七九）。それゆえドーキンズとクレブズは（ドーキンズとクレブズ、

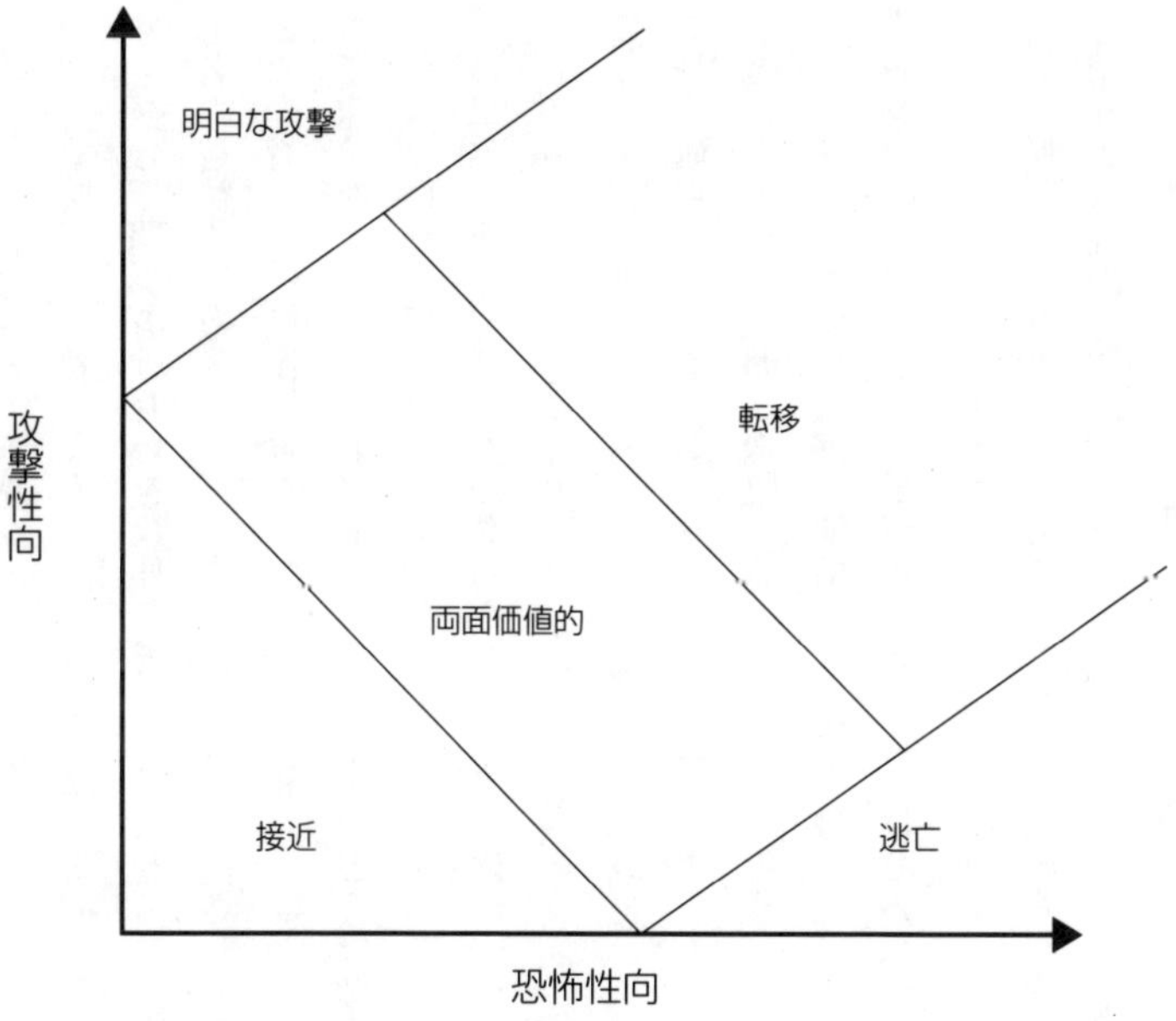


図4．4　ティンバーゲンによる，拮抗関係にある行動の葛藤理論を図示したもの．出典：「ハンティングフォード，1991」より．チャップマン・アンド・ホール社の許可を得て転載．
注：どのような行動が観察されるかは，敵への攻撃性向と恐怖性向の，絶対的および相対的レベルにかかっている，と考えることができる．

一九七八。クレブズとドーキンズ、一九八四）次のように考えた――非協同的な状況において出される信号は、結局、行為者による説得と反動者による抵抗の「軍備拡大競争」になり、顕著な儀式化された信号を発し、関係者は互いを操作しあうことになる。一方、協同的な状況においては、応答することが反応者の利益でもあるから、行為者は応答を強制されることもないため、顕著な信号を出すこともない。この学者たちは操作に重きを置いたが、ザハヴィが（一九七五他）強調したのは、信号は、反応者にとって重要な、行為者における何ごとか――たとえば健康や闘争能力――を正直に指し示すものであるはずだ、という点である。赤く大きなトサカをもっていたり、重い枝角をもっていることは、自らに課したハンディキャップにもかかわらず、その個体が十分に繁栄を約束されているものであることを、指し示し得る。これはちょうど人間が、力を表明するのに、不必要に高価な産物を用いるのと同じである（ローソン、一九九二）。だが、これらの議論が結局どのように調停されたか（クレブズ、一九九一）とか、信号の研究にゲーム理論が与えた影響（メイナード・スミスとパーカー、一九七六）を論じることは、概要という本稿の範囲を逸脱するものになるだろう。

ローレンツの生得的解発機構という概念はまた、ティンバーゲンの研究にも重要な影響を与えた。ローレンツのこの概念は、観察と直観に基づいていたが、ティンバーゲンはそれを実験によって立証しようとした。いまや動物行動学の古典となったそれらの研究は、雄のイトヨが闘争的な行動を顕在化させている時、その腹が赤くなることにはどのような効果があるのか、そしてまた、セグロカモメが雛に餌を請うよう仕向ける時、嘴に赤い斑点が現れることはどのような働きをするのかを明らかにしている（ティンバーゲンとペルデック、一九五〇を参照）。しかしまた、二、三の鍵刺激によって反応が解発されることに強調を置くのも、極端に過ぎる。反応は常に複合的に決定されるからである（ハンティングフォード、一九九一）。

固定運動型と生得的解発機構という二つの概念が、動物行動学の初期の展開において重要な役割を果たしたことは明らかであろう。科学史という視点から興味深いのは、やがてそれらの概念が、いずれも多くの点で欠陥があることが分った、という事実である。固定運動型は、最初に考えられたほど固定されてはおらず、ある程度変化するものであることが明らかになった（パーロウ、一九七七）。これまで見てきた通り、それらは個々に動機づけられるものではなく、複数の動機づけの要因を分ち合っているようだ。またこれらに関連した水力学的モデルも、受け入れ難いものであることが判明した。にもかかわらず、行動における適応の差異という核概念（これには、固定運動型の他、反応性や学習の準備傾向といった概念も含まれる。以下を見よ）は、重要な中心概念であり続けている。また、生得的解発機構も、実は生得的でなく（鍵刺激は経験によって修正され得る）、単に解発するのみではなく（ティンバーゲンの階層モデルが含意していた、刺激の解発効果と動機づけ効果の区別には根拠がないし、いっぽう刺激は、抑制機能と方向づけ機能をもち得る）、単一の機構でもなく、動物の状態によって様々に変化する特性を備えた、複数の機構の複合であることが判明した。しかしながらここには、選択的知覚という事実が残る。いくつかの反応は、単純にして極めて特殊な刺激事態によって顕在化させられるものである、という発見があり、また、刺激と反応の関係は、多くの場合、以前の刺激経験とは無関係である、という観察結果がある。固定運動型と生得的解発機構という概念は、それぞれ重要な原理を指し示していたのだが、発展途上の一科学分野における成長の苦しみのさなかで、あまりに性急に具体的なものとみなされてしまった、という感がある。

ローレンツもティンバーゲンも、最初は「本能」の研究に携わったが、また行動の変化にも関心をもった。ここでのティンバーゲンの貢献はささやかなものである。しかし、たとえば彼の初期の実験の多くは、ジガバチの学習に関わっている。ジガバチたちは、どこに巣を作るべきかを学習し、このため、食物採集の旅の後でも、巣の場所を移すことが可能になるのである（ティンバーゲン、一九三二と一九三五。またベーレンズ、一九四一も参照）。本能的行動様式の不変性を信じたローレンツは、学習とは、より固定した要素間に何らかのかたちで「差し挟まれた」ものである、と主張した。これは有効な説とはならなかった。しかし彼が「刷り込み」に注目したことは重要な結果をもたらした。「刷り込み」という過程によって、アヒルやガチョウの雛は、広い範囲にわたり動いている物体について行くことを学び、自然と親鳥につき従う行動を示すのである。これは後の社会的および性的嗜好にも影響を与える過程である。ローレンツ（たとえば一九三五）は、刷り込みは学習の一形態であり、以下の点で特殊である、と主張した。（一）生活環のうちでは短期間に限られている。（二）鳥が一旦一つの物体についていくことを学ぶと、他のものにはついてゆかなくなる、という意味で、不可逆的である。（三）反応——これには後に依存することになる——が発達するよりはるか以前に、完成される。（四）個体的な特性というよりも、種の学習に関わっている。（五）いかなる因襲的な報酬にも依存していない。これらの特徴のうち、現在ではいくつかが根拠のないものとされている。たとえば、学習が起こり得る期間は、ローレンツが考えたほど一定してはおらず、外的要因に影響される場合がある。また学習は必ずしも不可逆的ではないし、個体的な特性を持つ学習は、種特異性の学習に則って行われる（ハインド、一九六二）。

だが広義の刷り込みという概念はいまだに価値のあるものである。他の学習の形態に対する刷り込みの関係はいまだ明らかになってはいない（ベイトソン、一九九〇）が、脊椎動物における学習を基礎づける、神経系メカニズムの研究にとっては、非常に価値あるモデルを提供している（ホーン、一九八五）。また、愛着理論の初期の発展にも影響を与えた（ボールビー、一九六九。またその批判についてはラター、一九九二を見よ）。

すでに見たように、ティンバーゲンは、ローレンツの影響によって、行動の進化の研究には比較の方法を用いることになった。この研究は彼の教え子たちによって目覚ましい発展を遂げた（たとえばモニヤン、一九五九）。ティンバーゲン自身も行動の機能に関する研究を開始した。彼の場合たいていそこにはフィールドワークが伴っていた。たとえば彼は次のような疑問を呈した。「なぜ頭部の黒いカモメの類は、雛がかえると卵の殻を巣から取り去るのか？　そうしている間に巣は、一時的に無防備の状態に置かれるというのに」。殻の外側は迷彩色だが、内側ははっきりとした白であることに気づき、ティンバーゲンは、壊れた殻が近くにあると、残った卵が強奪の危険に晒される、ということを実験によって示すことができた（ティンバーゲン他、一九六二）。

ここで、動物行動学の二人の創始者の、もう一つの違いに注目することは意義深い。かつて進化について執筆していた理論家たちは、個体間に生じる自然淘汰を、個体の集団間に生じる自然淘汰による結果とみなしていた。一九六〇年代にあっては、一般に、集団間の淘汰はさほど重要性はもち得ない、と考えられていたし、自然淘汰は、全面的にではないものの、主として個体間の相違に基づいて起こる、と考えられていた。ティンバーゲンはこの考えをほとんど受け入れていたが、ローレンツは、しばしば集団淘汰という観点から執筆を続けた。

ローレンツとティンバーゲンが動物行動学を築き上げたことは、それが真空状態から発展したと考えてしまうと、その成果を十分理解することができない。背景として、一方には主体の心理学が、もう一方には行動主義があった。つまり、ローレンツとティンバーゲンには、これらが打倒すべき巨人と感じられていたのである。だが、友人もしくは敵として、決定的に重要な役割を演じる人々もいた。一九三五年、F・A・ビーチは、合衆国において独自に、行動を制御する刺激をモデルによって分析する方法を開発した。一九三八年にティンバーゲンがビーチに会った時、二人にはある共通の言語があった。ティンバーゲンのコメントは意義深い。

当時私はフランク〔ビーチのこと〕の「研究室志向」にはまったく興味がもてなかったし、「原因の網」という単純な構成要素を測定しようという傾向にも興味がもてなかった。だが彼のほうは心が広く（単に礼儀正しかっただけではないと確信しているが）、当時我々が行っていたことに興味を示してくれた。そして実際に、彼は我々に大変良い影響を与えてくれた。測定の必要性を主張してくれたのだ。合衆国で「行動」を説明するために我々が彼に接近できたのも、彼の研究と彼の寛大さ、そして彼の真に友好的な協力的態度に対し、我々もまた敬意を払っていたからだ、と私は思う（ティンバーゲン、私的会見での発言）。

（ここで言われている「我々」のなかには、英国の昆虫学者で動物行動学者のW・H・ソープがいる。

彼は後に動物行動学の考え方を世に広め、さらに発展させることになる。彼はマディングリー研究所を開設するが、幸運にも私は一九五〇年以来ここで研究している。）「ビーチは決して自分を動物行動学者と呼ぶことはなかったが、これはおそらく彼が、初期の動物行動学者は『フィールド志向』で、これは『すばらしいことだが自分向きではない』と考えていたためだろう。だが彼は旅行仲間でありかつ友好的な批評家であり続けた」（ティンバーゲン、私的会見での発言）。

しかし、T・C・シュナイアラを筆頭に他の比較心理学者たちは、この新しい学問分野に対して強力に反対を唱えた。多数の争点があった。第一に、シュナイアラは、ローレンツによる生得的行動と後天的行動の区別を痛烈に批判し、それは経験的にも有効ではないし、実践的にも価値がない、と論じ、発展の段階で起こる複雑な過程を顧みないことになる、と言った。彼の見解によると、動物をその社会から孤立させて育てることは、現れた行動が生得的であるとする適切な根拠を失わせるものであり、重要と考えられていたかもしれないいくつかの外的要因から、その行動が独立しているということを示すに過ぎない。第二に、シュナイアラは、上述したローレンツの水力学的モデルのような、動機づけの「エネルギー・モデル」に強く反対した。第三に、彼は、動物の認知能力における複数のレベル間に、相違を認識することの重要性を強調した。したがってシュナイアラの場合、「攻撃的な行動」といった用語が、蟻とガチョウと人間では大いに異なるメカニズムを含意してしまうため、この用語に懸念を示した。

一方動物行動学者のほうは、心理学に対し、その様々な分野を常に明確に区別していたわけではないが、意見を保留していた。また、心理学に対する彼らの批判のいくつかは、無知に基づいていた。たとえばローレンツ（一九五八）は、アメリカの「比較」心理学よりもヨーロッパの心理学のほうに詳しかったため、心理学を単に個人的な現象を扱う科学と見なしていた。だが動物行動学者たちは、ほんの数匹の哺乳類（おもに実験用のネズミ）から集めたデータに基づいて遠大な一般化を行うアメリカの心理学者の方法を軽蔑し、「比較」という形容詞はまがいものであると感じていた。というのも、系統発生上異なるレベルにある、関連の浅い種を比較することは、生態学的な意味での比較とはならないからである。

シュナイアラは批判を難解な文体で書く傾向があり、またその批判は動物行動学者たちに広く読まれることの少ない雑誌に掲載された。だが一九五三年に、彼の教え子ダニエル・レーアマンは、「本能的行動に関するコンラート・ローレンツの理論への批判」という論文を『生態学季刊誌』に発表した。フランク・ビーチ、エルンスト・マイアその他の忠告により口調は穏やかにされたものの、これは動物行動学に対する強力な攻撃となった。驚くべきことにこれは、ほとんどの動物行動学者と、いくぶん政治的な理由から敵意をもち続けた少数の例外を除く、ほとんどの比較心理学者との、永久的な友好回復に繋がった。これはまったく個人的な要因によると言ってよい。ローレンツは、批判を読んだ後でレーアマンを干からび枯れ果てた小男と想像した、と述懐している。これほど事実からほど遠いものもなかった。レーアマンは必要以上に太った、ひとを感化するタイプの人物で、博物学に対しては、ローレンツに優るとも劣らない、あふれんばかりの情熱を抱いていた。ローレンツやティンバーゲンと同様、彼もまた鳥の観察が好きで、二人はレーアマンに会うと、すぐにこの人物が気に入った。

結果的に両者の側が強調点を変更することになった。比較心理学者たちは経験の役割に過度に強調を置くことを差し控え、動物行動学者たちは習得された行動と生得的な行動の区別は価値がないものであることを認めるようになった。もっとも、相違が発生学的源泉から来るものであるか環境上の源泉から来るものであるかの区別は、価値あるものであり、建設的な発展を遂げることとなった（たとえばベイトソン、一九八七。ハインド、一九六八、一九八三。オヤマ、一九八五）。ティンバーゲンはこの立場を完全に受け入れることとなった。ローレンツ（たとえば一九六一）は、いくぶん立場を変え、生得性という概念は、行動の発達よりもむしろ行動の適応性に関わるべきものである、と論じた。この見解に立てば、種の行動と種の置かれた環境との「適合」は、発生学上のプログラミングか経験の、いずれかに帰することが可能となる。さらに重要なことに、彼は、動物が学ぶことには、種に基づく相違があること、したがって、ほかのものはさしおいて、ある特定のものを習得するということには、種特異性の（「生得的な」）準備傾向があるに違いない、と主張した。たとえばベーレンズ（一九四一）は、スズメバチの驚くべき能力に強調を置いていた。この蜂たちは、これ以外の状況では学習能力は乏しいのだが、幼虫が育ちつつある巣穴に「視察訪問」を行った結果、食物採集行動を変更できるのである。このように学習の準備傾向に強調を置いたことは成果を上げた。たとえばソープ（一九六一）は、雄のズアオアトリは自らのさえずりを習得しなければならないが、普通のズアオアトリのさえずりの旋律構造に類似した構造をもつさえずりしか、学ぶことはできない（また、セリグマンとハーガー、一九七二、およびハインドとスティーヴンソン＝ハインド、一九七三も参照）ということを示した。

さらに、先に論じたように、ほとんどの動物行動学者は動機づけのエネルギー・モデルを捨て去った。「比較」という問題については、アプローチの仕方の違いが認識された。動物王国内部での様々なレベルの複雑さを説明するという問題、および動物行動学者が関わっていた動物集団内部での小進化という問題は、ともに重要であると見なされた。やがて比較心理学者たちは、種の広範な範囲を研究することの価値と、動物たちにとって自然な環境を考慮することの価値を、認識するようになった。

要するに、かつて少くとも一部の動物行動学者と比較心理学者が、互いを激しく敵対しているものとみなしていた時代があったのだが、レーアマンの「批判」により、対話が可能になった。これには関わった人々の人格に依存するところが大きい。対話は建設的なものであり、概して両陣営のほとんどのメンバーの永久的な友好回復に繋がった。全体として見れば、比較心理学者たちは、ローレンツたちよりもティンバーゲンおよび彼に影響を受けた人々とのほうが親密である。レーアマン（たとえば一九七〇）とローレンツの議論のいくつかは継続された（ベーア、一九七五を見よ）が、レーアマンは動物行動学者たちと有効に関わった。現在、シュナイアラに影響を受けた比較心理学者のなかには、いまだ動物行動学を拒否しているものがいるし、動物行動学者のなかにも、生得的行動という概念を保持しているものがいる。だが概して、両陣営の区別はほどんど現存していない。これは、両者が相手の誤りを証明しようとしたからではなく（もちろんいくつかの論点についてはそういうこともあったが）、両者が、人間性を研究するにあたって自らの方法の正しさに確信を抱き、ともに粘り強さと研究への熱意を抱いていたからである。

これまで指摘した通り、両陣営の科学者の性格は大いに異なっており、両者の相互関係は、行動科学に重要な影響をおよぼした。「人間」という自らの種に関する著作ほど、彼らの性格の違いを明瞭に語るものはない。

ローレンツが人間の行動に関する著作に取りかかったのは一九三〇年代である。ほとんどは逸話の集積といった著作であり、独創性に欠けるものであって、たとえば「まったく明らかである」とか「客観的に確信を抱かせるものであって、これが証明となる」といった語句で組み合わされた非常に独断的なスタイルは、時折現れるその但し書き自体に疑いを抱かせ、その見解は「まったくの憶測」の域を出ないものではないかと疑われることになった。しかし、そこには熟考すべき点が多々ある。生態学者としてのローレンツは、主として適応の問題に興味をもった。我々の思考過程は、身のまわりの世界に適応して発展してきたものに違いないのだが、絶対的な真実を伝えるものと見なすことはできず、ただ実用的な知識を伝えるものである。したがって我々の概念は、外界の真の表象としてではなく、個々人が適切に行動できるよう、外側の世界と十分に一致した概念構成体、と見なされるべきものである。(面白いことに、ローレンツはケーニヒスベルクにおいてしばらくカントと同じポストについていた。) 生態学者としてのローレンツは、いま一度、動物の行動の研究に有効と分ったいくつかの概念を人間に応用することを試みた。彼は「生得的解発機構」の現前をかなり詳しく論じ、とりわけ親の行動を誘発する、幼い子どもたちの特性に焦点を絞った(ローレンツ、一九五〇b)。その後の研究は、ここでの彼の数多くの仮説を確認することになった(ガードナーとワラッハ、一九六五。シュテルングランツ他、一九七七。フュラードとライリング、一九七六)。しかしながら彼は、刺激特性への反応に関する、ありそうもなくはない仮説を、文学や映画に見られる、因襲的な状況への情緒的な反応に関する考察と結びつけた。そして「美的性質の……生得的解発機構を、人間の社会的行動の主要な要素、比較的独立して存在する構成要素として」語ることになった(ローレンツ、一九五〇b、一六一頁)。

人間には、紋切り型の(=常同)行動様式は比較的少ない。ローレンツの「本能」という概念は固定運動型という概念に基づいていたため、人間に「本能」があることの証拠は、応答性のなかに見出し得る以上に行動様式のなかに見出すことはできなかった。すべての運動様式は特定の情緒に結びついていると信じたため、彼は、人間が動物ほど「特定の感情や情熱」をもっていない、と仮定することになった（ローレンツ、一九三五、一九三七）。ローレンツ（一九五〇b）は、これらの問題を、人間の家庭化という仮説と結びつけた。人間の家庭化とは、彼の見解によると、生得的解発機構の特異性を奪い、「運動衝動の内発的生成」の多様性を増すものである。これによってより原始的な「本能」は肥大し（よって人間の性行動過剰が起こる――ローレンツ、一九三五）、より精巧に分化されていたもの（たとえば親としての行動）は消えていく傾向に置かれる（一九五〇b）。

運動衝動の内発的生成に関するローレンツの見解は、人間の行動の性質に関する彼自身の見解に、多くの点で影響を与えた。なかでも攻撃性に関する見解にはとりわけ大きな影響を与え、彼は攻撃性を「本能的」なものであると考えた。ローレンツは、人間には多くの種に見られる攻撃抑制の身振りが欠如していることに気づいた（一九六六a）。彼はまた、個々人を攻撃誘発刺激から遮断したところで無駄であろう、と論じた。動機づけは多様に築き上げられるものであり、ついには適切な刺激が存在しないところでも、「真空行動」として現れるからである。また同様の理由から、攻撃性に対して道徳的な禁止を与えても無駄である（一九六六a）。ローレンツは攻撃性の相違の発生学的な基礎を強調したが、一九六六年には、優生学的計画によって攻撃的衝動を除こうといういかなる試みに対しても、反論した。もっとも、これに関して彼の挙げた理由は奇妙なものである。同一種内の攻撃性は、ローレンツの信じるところでは、人間の熱情という反応に特異なものであり、高度な目標を人間が達成するにあたって、これは不可欠なものである。さらにローレンツは、個人的な絆をもっていない種はまた、同一種内の攻撃性も欠いているため、数多くの動物の攻撃性、そしておそらくは人間の攻撃性も、個人的な友好関係の本質的構成要素である、と論じた。さらに彼は、異なる「衝動」間の相互作用の複雑さゆえに、仮に一つの衝動が消え去っても、我々には何が起こるか分らないのだ、と考えた。実際ローレンツは、多くの重要な人間活動は、一部、攻撃性によって動機づけられるものである、と信じた。「攻撃性を除去してみよう……。仕事や問題と取り組むこと、自らを重んじること、これが失われてしまうと、朝から夜までの行為、朝の髭剃りから崇高な芸術や科学の創造に至るまでの、人間の行うあらゆる行為が、一切の起動力を失いかねない」（ローレンツ、一九六六ａ）。

そのかわりローレンツは、カタルシスを推奨した。すなわち攻撃的な動機を他の方法で放出する方法である。彼はスポーツを個人の攻撃性の捌け口として語り、競争的なスポーツを国際戦争の代用として語っている。彼の論じるところでは、価値の高いものへの熱情を喚起することは、戦争以外のもの、国境を越えた個人的な友好関係の増進といったものをもたらすのであり、勇武の美徳という価値を下落させることになる。芸術は超国家的、超政治的価値を生み出すために用いられ得るもので、戦闘的な熱情は科学に向けられ得るものであり、また笑いやユーモアは奨励されるべきものとしてある。（もちろん、攻撃性は人間の本質に深く染み込んだものであるから、進化の過程で選び取られた「戦士の美徳」については、ローレンツも困難な課題であると考えていた。）

攻撃性に対するローレンツの療法が、ほぼ全面的に、運動衝動の内発的生成という彼自身の仮説に基づいている以上、ここであらためてこの療法を評価する必要はあるまい。だが注目すべきは、外的刺激が攻撃的な動機を高め得ることには証拠がある、という点である（ベアコヴィッツ、一九八九）。たとえば、はっきりと表に現れる暴力の度合いが、社会によって異なるというこの相違は、暴力に対する道徳的禁止の力と相関関係にある（ホワイティングとホワイティング、一九七五）。また攻撃性は多くの賞賛に足る人間の活動の一部を形作るものであるという信仰は証明されておらず、この信仰は攻撃性と独断性の混同に依存しているように思われる。これは、「攻撃的な外交販売的手腕」といった言葉につきものの混同でもある。さらに最近多くのサッカー場で見られる出来事も、スポーツが攻撃性を弱める有効な方法ではないことを証明している（またベアコヴィッツ、一九六三も参照）。そしてまた、発生学的相違は、攻撃性の個体的相違に何らかの影響を与えるかもしれないが、「戦士の美徳」を浸透させるにあたっては、社会的実践のほうがはるかに重要な役割を果たしている（グローベルとハインド、一九八九）。

ローレンツは、動物に有効であることが分った概念を、人間についてもこれに相当するものがないかと探究したが、もちろんいくつかの相違は認識していた。たとえば知覚能力（ローレンツ、一九三五）、思考過程（一九五四）、そしてとりわけ言語（一九三五、一九六六a、一九六六b）という相違を強調した。彼は、概念的思考と伝統が、ともに急速な文化的発展を可能にするものであるとして、それらの重要性を強調した（一九七〇、一九七八）。個人と社会の関係に関する彼の見解は特に興味深いものであり、時代を先取りしていたとも言える。個人と社会の間には、二路の相互的な因果関係があることに気がついた。もっとも彼が考えたのは、動物の場合個体から「社会」へ向かう路が優先的で、人間の場合はその逆である、ということだった。「若者が成長していく際に、彼らは自分たちの成長してきた社会によって幅広く人格を形成される。若いコクマルガラスが成長する際には、先行するイメージが一切なくても、細部に至るまで完全な、コクマルガラスの社会を形成する」(ローレンツ、一九三五、二五五頁)。ローレンツはまた、価値観、文化、信仰等々は、相互に関連しあっており、そこから一つの構造が形作られる、と考えた(ローレンツ、一九六六a)。これは今日の多くの社会科学者たちによって見過ごされている論点である。晩年、彼は徐々に、個人と西洋社会の要請との間にあるずれを強調するようになった。

人間の行動に関するローレンツの見解は、オーストリアで、初めて「進化的認識論」を研究するグループを生んだ(ヴーケティッツ、一九九〇)。この試みについては今後の成果を俟たねばなるまい。しかしながら、ローレンツの議論が、多くは動物の行動に関する自身の見解を敷衍したものであることは明らかであり、これは民族心理学の混合物といった性質を強く備えている(たとえば世代断絶《ジェネレーション・ギャップ》に関する彼の見解。ローレンツ、一九七〇)。後にアードリー(一九六七)やモリス(一九六七)などのローレンツの模倣者は、この考察をさらに深めて行った。

ティンバーゲンのアプローチは非常に異なっていた。動物行動学の立場を人間の行動に応用するにあたっては、ティンバーゲンもまた、生態学的な見地を押し進めたが、極めて謙虚な態度で行った。初期の著作において人間への言及はごく限られており、ほとんどが反射もしくは生得的解発機構のレベルで対応するものに関わっている。後に彼は、動物行動学の成果を人間に無批判に応用することに対し、強く反論を唱えた。これには三つの主要な理由を挙げている。(一)ローレンツやモリス(たとえばモリス、一九六七)などの何人かは、「結局のところ推論にすぎない一連の所説を、知として提示している」(ティンバーゲン、一九六八、一四一一頁)。(二)彼らは何らかの論旨に適うよう、多様な動物の行動から安易に例を引いている。(三)文化的な発展が勢いを増して以後、我々の行動と環境は大いに変化を遂げたので、〔動物と人間の〕対応関係を探すよりも、生態学的アプローチを応用するほうが適切である（ティンバーゲン、一九六八）。

ティンバーゲンの教え子ブラートン・ジョーンズは（一九七二）、動物行動学の方法を人間の行動に応用するにあたって、開拓者的な役割を果たした。この業績はおもに「物理的記述」（つまり、原理上は筋肉や骨などの動きに還元可能な記述）を子どもの行動に当てはめたことで記憶されている。筆者は、これは誤りであったと考えている。「結果による記述」というより重要な関連――これは多くの行動の目標志向性を際立たせるものである――が、疎かにされているからである。人間の子どもは魚ではないし、魚の行動を記述するのに用いられる方法は必ずしも子どもに当てはまるものではない。しかしながらブラートン・ジョーンズもまた、極めて動物行動学的な立場から、巧みな概要を提示した。記述の重要性を説き、攻撃性や不安や愛着といった包括的な概念のもつ危険性を強調したのである。

ティンバーゲン自身も、記述の重要性に強調を置いた。「真に探究心に富み、性急な偏見に捉えられていない精神状態に導かれた、一心不乱の、長く、繰り返しを厭わない、〈地味〉で〈単純〉な観察」（一九八三、一九頁）は、自閉症の研究にティンバーゲンが課した鉄則である。彼もまた、四つの難問を区別することの重要性を説き、「動物と人間における戦争と平和について」（一九六八）という論文では、四つの難問がそれぞれ、特定の問題に光を投げかけるその有り様を、明晰に概括している。

攻撃性に関する著作において、ティンバーゲン（一九六八）は個人的な要因が作用する点を論じ、また当時の他の多くの研究者たちと異なり、集団において作用する付加的な要因についても議論を進めて行った。彼は、リーダーの役割や外的脅威の役割を認めたものの、集団の形成を助長するその他の要因

（たとえばタイフェル、一九七八。ラビー、一九九一）に注意を払うことはほとんどなかった。他の多くの生態学者とは異なり、ティンバーゲンは、人間の戦争行為において文化的要因が果たす役割を軽視することはなかった。

ティンバーゲンはまた、教育についても、動物行動学から教訓を引き出した。動物の場合、遊びに似た活動によって学習の機会を与えられることに感銘を受けた彼は、我々の教育制度において、自主的な探究よりも形式的な教示に優位が置かれていることに疑問を投げかけた。子どもは、探究を拡大していけるよう、安心感を与えられる必要があり、大人はこれを妨げることなく、敏感に援助を与えていく必要がある、と説いた（ティンバーゲンとティンバーゲン、一九八三）。

ニコ・ティンバーゲンと彼の妻は晩年、その精力のほとんどを子どもの自閉症の研究に捧げた。二人は、正常な子どもと自閉症の子どもとの間の区別は決してはっきりしたものではないと確信し、また、ニコ・ティンバーゲンがトゲウオとカモメで研究した葛藤に原理上は比較できる、不安過多と社会性の葛藤が、ここに関わっているとの確信を抱いた。彼らの考えるところでは、この葛藤が深刻になると、子どもはひきこもり、将来の社会化が激しく阻害される。子どもは、社会的相互作用や探究から学び取ることができなくなる。自閉症への行動学的アプローチを支持したことで、ティンバーゲン夫妻は、多くの精神科医と真っ向から衝突することになった。精神科医たちは、自閉症には遺伝的な要因があり、それが決定的な役割を果たす、と信じている。この議論は現在でも続いている。

ティンバーゲンは、文化の変容の速度や、人間が環境に与える影響、更新不可能な資源の枯渇、有毒廃棄物の蓄積といった問題に、真っ先に関心を抱いた者の一人である。王立協会のクルーニアン講義において、彼は、利他主義や道徳的な議論に訴えたところで無駄である、と論じた。新たな社会を建設するということが、実は、啓発された人間の自己権益の一つなのだ、と論じている。

結論として以下の四点を強調しておきたい。(一) ローレンツとティンバーゲンの功績は重大な意義をもっている。彼らが始動させたものは、行動科学に多大な影響をおよぼした。現在この科学は、「動物行動学」を越えて遥かな進歩を遂げている。(二) この功績は、それぞれが独立していては達成されなかったものであろう。二人の、スタイルや人格の相違が、決定的な役割を演じていた。(三) これは動物行動学の創始者たちにとって不名誉なことではないが、一九四〇年代と五〇年代の動物行動学が基礎にしていたあらゆる概念は、事実上一切が、不正確で致命的な欠陥をもっていることが明らかになった。とはいえ、二人は問われるべき重要な問いを導き出したのである。(四) 一九五〇年代およびそれ以後に果たされた数多くの進歩は、謙遜と誠実さを備えた人々による、異なる見解の間で闘わされた、学究的な論争のなかから生まれてきたものである。

(註)

本項は、『国際人類学者辞典』(ニューヨーク、ガーランド出版、一九九一) より、許可を得て転載したものである。

(1) より詳細な情報については、以下の著作を参照のこと。

Dawkins, M. S., Halliday, T. R. and Dawkins, R. (eds) (1991) *The Tinbergen Legacy*, London : Chapman and Hall.

Hinde, R. A. (1990) 'Nikolaas Tinbergen', *Biographical Memoirs of Fellows of the Royal Society* 36 : 549-

65.

Krebs, J. R. and Sjölander, S. (1992) 'Konrad Z. Lorenz', *Biographical Memoirs of Fellows of the Royal Society* 38 : 209–28.

Nisbett, A. (1976) *Konrad Lorenz,* London : Dent.

Schleidt, W. M. (ed.) (1988) *Der Kreis um Konrad Lorenz : Ideen, Hypothesen, Ansichten,* Berlin : Paul Pavey.

以下の書にはいくつかの自伝的な章が含まれている。D. A. Dewsbury (ed.) (1985), *Studying Animal Behaviour : Authobiographies of the Founders,* Chicago : University of Chicago Press.

# 第五章　B・F・スキナー（1904-1990）

——デレク・E・ブラックマン

B. F. スキナー（1904-1990）

B・F・スキナーは一九〇四年三月二〇日、ペンシルベニア州サスケハナに生まれ、一九九〇年八月一八日、マサチューセッツ州ケンブリッジにおいて他界した。一九二六年にニューヨークのハミルトン・カレッジで英文学の学士を取り、最初は作家になることを目指したが、やがて計画を変更し、ハーヴァード大学で心理学を専攻した。ここで反射の概念の歴史に関する論文と、動物の学習に関する独自の研究で、博士号を取得した。一九三六年までハーヴァードで研究を続け、その後ミネソタ大学に職を得(一九三六—四五)、またインディアナ大学心理学科の教授を務めた(一九四五—四八)。一九四五年にはハーヴァード大学に戻り心理学の教授となり、一九四八年から一九五七年までは、ここで「心理学エドガー・ピアス教授」を勤めた。八六歳で亡くなる直前まで、ハーヴァード大学名誉教授として研究を続けた。

スキナーは六〇年以上の間数多くの本と論文を執筆したが、なかでも『有機体の行動』(一九三八)、『科学と人間の行動』(一九五三)、『言語による行動』(一九五七)、『行動主義について』(一九七四)は、心理学への組織的なアプローチを提示するもので、これは急進的行動主義ないし行動分析として知られる。スキナーの小説『ウォールデン・トゥー』(一九四八)と『自由と尊厳を超えて』(一九七一)は、広い社会的コンテクストのなかで、急進的行動主義のもつ含意を考察したものであり、彼の著作のなかでは最も議論を呼ぶものである。『老齢を楽しむ』(一九八三。八〇歳間近の頃の、M・E・ヴォーンとの共著)は、年を取ることに関する実際的な解説を行っている。スキナーはまた、『私の人生の詳細』(一九七六)、『ある行動主義者の形成』(一九七九)、『結果の問題』(一九八三)の三巻の自伝を執筆した。

スキナーは、以下の数多くの名誉ある賞を贈られた。アメリカ心理学会より、科学功労賞(一九五八)。ジョンソン大統領より、アメリカ科学勲章(一九六八)。ジョーゼフ・P・ケネディ精神遅滞基金国際賞(一九七二）。アメリカ教育研究協会より、教育研究功労賞（一九七八）。アメリカ心理学会より、生涯業績賞（一九九〇）。アメリカ心理学協会ウィリアム・ジェイムズ・フェロー賞（一九九〇）。彼はまた、英国心理学協会の名誉特別会員であった。

心理学および世界に対する、あなたの生涯に亘る重要な貢献を表彰することは、アメリカ心理学会会員の名誉とするところです。（……）心理学の開拓者として、あなたは伝統的な思考方法に挑戦状を突きつけました。（……）知の主導者として、あなたは心理学の発達を促し、その知的風土をより高度なレベルにまで高めました。（……）人間の有り様に対する大いなる鋭敏さをもって、あなたは、あなたの業績を革新的に実用に供するための、基礎を築きました。（……）国際人として、あなたは、倫理、自由、尊厳、統治、および平和といった、人間独自の努力に対し、思慮深く、しばしば刺激的であり、常に哀れみに富む洞察を、提供しています（アメリカ心理学会、一九九〇）。

これは、アメリカ心理学会からバーラス・フレデリック・スキナーに贈られた、「生涯に亘る心理学への傑出した貢献」を祝賀する表彰状からの言葉である。この特別な賞が贈られたのは、一九九〇年八月一〇日、同心理学会の年次総会における式典でのことであった。その八日後、フレデリック・スキナーは死去する。三日後、『ガーディアン』誌（サザランド、一九九〇）は次のような死亡記事を掲載した。「なぜスキナーは、近年一般大衆の間で最も広く知られた心理学者であるのか。そしてなぜ彼は、学者の間でこれほどまでに傑出していたのか」。これは一見温和な問いに思われる。だが提示された答えは温和ではない。まず第一に、「彼は狂信者であった」し、「狂信者というものは、とりわけ自らの正しさを完全に確信している場合、信仰されるようになるものだ」。第二に、「若き日に彼はある重要な発見をした」(つまり、動物の条件性の行動は、連続的な報酬よりも間欠的な報酬を与えられた後のほうが、報酬を中止されても存続するものである、という発見である)。第三に、「彼は巧妙にして機械的な」実験の手順を「発明」した。これは実験を行う者に、「コーヒーを一杯飲んだり仲間と三目並べをするために、早々に実験現場から立ち去ること」を可能にするものであった。このいわゆる「スキナー箱」は、死亡記事の執筆者によれば、「動物の大脳を除去する血も涙もない方法と評されてきたもので」、それこそが「スキナー理論が彼の信奉者に与えた影響と呼び得る、と考える者もいる」。このような意見が口にされたのはこれが最初ではなかった(また悲しむべきことに、これが最後でもなかった)。第四に、スキナーは「飴と鞭を適切に使い分けることで、どんな人間もコントロールすることが可能である」という、自らの受けた「神託」に「固執した」。「初期の研究には重要なものもある」と認められてはいるけれども、この記事は、「一日心理学の導師となってしまうと、彼はこの分野の進歩を猛烈に妨げることになった」と締めくくっている。幸運にも、と言いたいのだろうが、最近の心理学界においては「彼の弟子たちは次第に減少しつつある」。

内容においても口調においても、スキナーおよび彼の研究に対するこの隔絶した二種類の評価は、カタニア(一九八八、三頁)の次のような主張を説明して余りあるものである。「昨今の心理学者のなかでも、スキナーはおそらく、最も名誉があり、最も多く中傷され、最も幅広く認められ、最も多く誤って伝えられ、最も多く引用され、最も誤解された心理学者である」。瀕死のハムレットは友人ホレイショーに向かって次のように言う、「私は死に、おまえは生きていく。だから、私と私の言い分を正しく伝えてくれ」。この章で私が望むのは、フレッド・スキナーと彼の言い分を、できるかぎり公正な「正しい」流儀で伝えることであり、そうすることで、この本に取り上げられている心理学における偉大な知の巨匠たちと並んで、彼の人物と業績をあらためて評価してもらうことである。初めに次のことは述べておかなければならない。私は、三〇年前に最初の学位を取得する目的で心理学と哲学を読み始めて以来、スキナーの心理学へのアプローチを常に変わらず擁護してきた。したがって私は現在まで、非常にしばしば、彼の「弟子」の一人と呼ばれる不名誉を耐え忍んできた。彼の人物についてはあまり多くのことを知らない。だが手紙は頻繁に交わしていたし、定期的に会ってもいた。そしてまた、私は彼を好ましく思っていた。

六〇年以上におよぶ期間でおよそ二百の論文と本を出し、現代の心理学の歴史においてもいまだ極めて重要な位置にある者の業績について、詳細な解説と評価を行うことは、このような短い紙面ではほとんど不可能である。一九八八年までのスキナーの研究書誌は、カタニアとハーナッド（一九八八、四八九―九五頁）によって提供されている。この本はまた、いくつかの彼の萌芽的な（とはいえ専門的な）論文をも収録しており、多くの興味深い論評や反応を促すものとなろう。スキナーの考えがどのように展開されていったかをありのままに伝えるためには、おそらく彼自身によるいくつかの著書を列挙するしかない。

最初の著作『有機体の行動』（一九三八）は、しばしば実験心理学の古典と言われる。ここではおもに、ネズミの行動が、実験室内で与えられた環境条件をいかに反映するか、という研究の成果が報告されている。オペラント条件づけに関するこれら初期の研究は、実験的行動分析として知られる、高度な技術と方法論を要求する心理学の分野に、基礎を与えることとなった。この本はまた重要な理論を論じてもいる。そのうちのいくつかは、スキナーのその後の理論的な分析においても受け継がれ、また中心となっていくものである。たとえば、スキナーはここで、「オペラント」行動は生起するものであり、パブロフの研究した「レスポンデント」行動とは異なり、先行する刺激によって誘発されるものではない、としている。その他の部分は、心理学理論の大きな発展を見た一九三〇年代における、過渡的な論争を反映したものとなっており、現在では色褪せて見える。

続く『科学と人間の行動』(一九五三) は、仮にスキナーの見解が発展させられることになれば、広義の心理学という分野はその後どのような様相を帯びることになるか、を論じた、一風変わった自己完結的な入門書である。各章は、オペラント条件づけの研究はもちろんのこと、宗教、政治、経済といった領域における行動にまでおよんでいる。他の心理学者たちの研究や概念に詳しく立ち入ることはほとんどなく、心理学の入門書としては不十分なものであった(し、また現在でも事情は変わらない)。だが、行動分析と呼ばれるようになったものを研究する者たちにとっては、この本は、より因習的な心理学の教科書に対して、挑発的な代案を提示するものである。

『言語による行動』(スキナー、一九五七) は、彼の思想の発展過程において、そしてまた心理学の歴史においても、独特の位置にある。行動分析の原理を、動物用の実験室から、人間の行動の最も複雑な面に関する理解にまで押し広げようという試みは、スキナー自身の信じるところでは、自らの最も重要な研究だったのだが、これは不幸な結果に終わった。それは、チョムスキー（一九五九）の唱えた、人間性の研究に関するもう一つの声明書が、批判の対象とするものとなった。チョムスキーによる、冗長にして影響力のある、とはいえ結局は見識の狭い「論評」は、スキナーが語ろうとしていたことからアカデミズムの注意を引き離すことになった。最近になってようやく、心理言語学は、構造や言語能力という概念よりも、実際の社会で行われるコミュニケーション行為の分析に重きを置くようになった（アンドレセン、一九九〇を参照）。

『行動主義について』は一九七四年に出版されたが、この時スキナーはすでに七〇歳に達していた。これは、心理学に対するスキナー自身のアプローチの根本原理を提示する著作であり、心理学における自らの行動分析的方法の一般的な特性を公表したもので、いくぶん自己弁護的ではあるが、最も首尾一貫した著作となっている。そして最後に、出版年は前後するが、彼の著作リストに加えるべきものとして、『自由と尊厳を超えて』（一九七一）がある。これは、行動の研究において自らが取った方法の内部に、社会における自律的人間活動という西洋の概念を探り当てるものであり、我々は道徳体系や政治制度をこの概念のうえに築き上げるのだ、としている。スキナーにはますます不確実になっていくものと見えたこの世界の、存続を危ぶむ文脈のなかに、しばしばこの議論が見出される。この本は多くの人々を激怒させることになった。彼らはそこに反自由主義と独裁主義の兆候を見て取ったのだった。

以上の著作やその他において、スキナーに共通して浮かび上がってくる筋道とは何であろうか。まず第一に最も重要なこととして挙げるべきは、彼が行動というものを、事象・出来事に対する付属物、精神的もしくは心理的な「別種のレベル」にあるものとしてではなく、環境もしくは社会的コンテクストのなかに宿る、独自に存在する自然現象として強調したことである。もちろん、たとえば認知のように、行動のなかには根元的な生理学上の系も含まれてくるだろう。だが、たとえそれらの系が確認されたところで（スキナーによれば、これが果たされるのは、心理学者によってではなく、生理学者によってであろうし、また、個々の認知を経験する者たちによってであろう）、行動とそのコンテクストの機能的・力学的関係は、いぜん理解されるべきものとして残る。心理学者による研究が俟たれているのは、これらの関係なのである。我々が行動を社会的なコンテクストで理解できるようになれば、このような視点が今度は、行動における望ましい変化を生み出すために、社会的なコンテクストを変革する建設的な方法を、示唆することにもなるだろう。

この見解は真に急進的なものであったが、その真意は、解説者や批判する者たちに、十分理解されることはなかったように思われる。たとえばスキナーの体系がしばしば「機械論的」ないし「ニュートン的」と言われる（たとえば、カプラ、一九八三、一八一頁）ことは、著しい誤解を招く。確かにスキナーは、大胆にも心理学に決定論をもち込んだ。我々が行うことは、未だ研究の余地がある、「原因」となっている影響を映し出すものだ、という考え方である。しかしながらこの立場は、（現実のものであろうと仮説上のものであろうと）機械装置や機械論を根底に据える、隠喩的な説明に基づいたものではなく、行動とその環境の間の、機能的な関係に基づくものであった。別な箇所（ブラックマン、一九九一）で論じたことであるが、この点でスキナーの分析は、なるほど経験主義的な生物学の伝統上にある、実験室での研究から抽象された原理に根ざしてはいるものの、実際は、行動と経験といういわゆる「事実」の、社会構造学的分析と称されてきた思考様式と、十分に関連しあったものである（表1）。

行動分析の領域（表1）

**行動分析**

1　行動の経験主義的分析（オペラント条件づけ）
2　概念的分析（言語による行動、意識）
3　応用行動分析（教育、医療、福祉関連事業、社会）

スキナーが行動の原因として環境の影響を強調したことを、ある種の人々は、喜び勇んで執拗に誤解し続けることとなった。スキナー自身は繰り返しはっきりと否定したけれども、彼が刺激‐反応心理学者であるとは、何度も繰り返されてきた主張である。彼の分析の第一の焦点は、パブロフによって研究された類の、顕在化させられた反射に向けられてはいない。後者においては、行動は、何らかの先行するものもしくは刺激物に対する、反応ないし返答として、実に手際良く記述できる。スキナーの場合、発せられた行動、すなわちオペラント行動と名づけられたものに焦点が据えられる。つまり、ある有機体組織から呼び起こされたと見える行動ではなく、ある環境条件において、明記可能もしくは予測可能な頻度で起こる行動である。以前言及されたこともあるように（ブラックマン、一九八〇。リー、一九八八）、スキナーが自らの著作であまりに奔放に「刺激」や「反応」という言葉を用いたのは惜しまれる。明確にあるいは暗黙のうちに、「弁別刺激・強化刺激」とか「オペラント反応」と、呼び名を修正したにせよである。これは、彼を批判する多くの者たちに執拗な誤解を促すことに貢献した。彼らはどうやら、行動に与える環境の影響は、せいぜい突ついたり刺したりという、機械が行う精神と無関係の動きとしか解釈できない、と信じていたらしい。

もちろん、スキナーの環境的行動分析の真の焦点は、強化、すなわち、結果に応じて行動動作を選択する方法の分析に置かれている。スキナーの体系で非常に重要なこの局面は、彼が「個体発生論におけるダーウィン」と称される（ドナホウ、一九八八）ことに繋がった。知っての通りダーウィンの進化論は、分類学上の形態における変種を目的論的に説明する方法に、取って代わった。つまりダーウィンの理論は、種特異性による分類学的形態を、何らかの目的に適ったものとして解釈するのではなく、それを、系統発生の歴史において、先行する結果によって、変種の中から選択されたもの、と解釈するのである。スキナーの強化の理論についても同じことが言える。それは、我々の行動を、何らかの目的を反映したものと解釈するのではなく、過去の先行していた結果によって選択された結論である、と解釈する理論である。スキナーの分析において根本を成すこの概念もまた、あまりに容易に誤解を招くものと思われる。スキナーが繰り返し説明しているように、彼にとって強化の概念は本来、今現在の行動を説明するためのものであった。つまりこれは、現在の行動が、強化子として機能するメカニズムにより補足されることなど、必要とはしていない行動である。注目されているのは、有機体に内在しているメカニズムや強化子に本来備わっている特性ではなく、行動とコンテクストのダイナミックな相互作用なのである。面白いことに、ドナホウ（一九八八）によれば、ダーウィンは自然淘汰の原理の真意を理解するうえでとりわけ難しい点に言及している。それは数学や自然科学の教育を受けた人々が出会う困難であるようだ。というのも、「ちょうど物理学や数学が、構造的恒久性の要素をあらかじめ示していたように、この（生物学的進化の）原理は、劇的に、これが世界における発展的な変化の要因であったのだ、といった注目の集め方をした」（モリス、一九六二、ix頁）。したがって、人間と機械の間の計算上の隠喩や類似に基づいている、「認知科学」と呼ばれる現在の主要な心理学の光に照らせば、スキナーによる、強化の動的、コンテクスト主義的、自然淘汰主義的な説明の真意が、非常にしばしば誤解に晒され、このため彼の立場が適切に理解されないというのは、驚くにあたらない。

今現在の行動は、過去の強化による淘汰という観点から理解可能である、という考え方は、詳細な実験的行動分析から、経験に基づく多大な支持を得た。この分析は、ネズミのオペラント行動の条件づけに関する、スキナーの草分け的な研究から発達したものである。これらの研究は、スキナー自身が実験で用いるために開発した装置から恩恵を被った。私は、ある学部学生の論文で、スキナーは「スキナー箱を発見した」と語られているのを目にしたことがあるけれども、実際は、もちろんのことながらスキナー自身が、この装置を発明・創造したのだった。（これにひとが自分の名をつけることを彼は嫌った。）この装置により、動物の行動における強化の随伴性（オペラントの自発によって強化がもたらされる反応‐強化を、強化の随伴性と呼ぶ――平凡社『心理学事典』）の効果が、抑制のきいた方法で研究可能になった。これら実験装置が配備された世界は、我々の行動が周囲の出来事によって影響を受けたものであるかもしれない現実世界の、抽象である。実験室の生活に上手く適応している動物たちは、我々人間を含む、一般の行動する有機体を、「表象する」ものである。動物たちが頻繁にもしくは稀に発する任意の行動様式、たとえば、ネズミが押すレバーやハトが突つく鍵盤のような実験装置によって首尾良く記録されることになる行動様式は、一般的なオペラント行動を「表象する」。これらの行動様式は、周囲の環境や社会的なコンテクストの内部で、発せられるものだからである。光や音や食物等が提示されるといった、環境上の出来事は、構造化されていない状況下での出来事を「表象している」。これらの状況は、行動が発生する機会を提供する、弁別刺激として機能するであろうし、あるいはまた、動物たちが取ることになる行動様式を、選択させる役割を果たす、強化子として機能することになろう。

かくして強力な実験室モデルが現れた。これによって我々は、行動に環境というコンテクストがどれほど重要な役割を果たすかを、極めて複雑・精妙な点に至るまで、正確に理解することが可能となったのである。いまでは我々も、現在の行動のレパートリーのこまかな特質は、強化子が過去の行動に従うという事実のみに起因するのではなく、行動と強化子の精密な関係、いわば随伴性、つまりは強化スケジュールにも起因しているのだ、ということを知っている。同様に実験的な研究は、強化子が行動に与える影響は、環境によっていかに調整されるかも示している。ここで言う環境とは、強化子の提示、いわば行動の弁別制御と、様々に関係しあうものである。かくして、三者関係による随伴性という、精妙で複雑な行動分析が考案されることになる。つまり、(a) ある環境下において、(b) 行動動作は、(c) 過去の結果に照らして選択された結果として発生する。そのような環境でその行動に従うことになる強化子、および様々に異なる場面でその行動が起こる正確な頻度と様式は、この三者関係による随伴性の内部での、様々な関係の細部を反映するものになる。

スキナー自身による初期の実験の性質ゆえに、そしてまたそれが、動物の条件づけられた行動の実験的な研究を非常に多く生み出したゆえに、スキナーはしばしば、白衣を着た実験室内の科学者と語られている。さらに、強化の随伴性は、それが行動に与える影響が、オペラント条件づけの実験において詳細に研究されてきたため、環境上の出来事を制御し行動を記録するための洗練された装置を必要としてしまう。そこで白衣の科学者は、念入りに作られたスイッチやスピード調節器やさらには高価なコンピューターの前に立つ（もちろん、コーヒーを飲もうとその場を離れるせいで、実験が妨げられることもある！）姿として、思い描かれることになる。かくして、冷たい科学的客観性とネズミの行動に関する無情な科学、という図柄が立ち現れる。そこから導き出されるものは、威嚇と侮蔑であるように思われる。もしいま科学者たちが、一見自らの責任において行っていると見える人間の自発的な行動を、制御する方法を手にしているのであれば、科学者たちが恐るべき技術を用いて我々人間たちの行動を制御するようになった時、どれほどの荒廃がもたらされることになるか？　彼らが我々にもたらそうとしているのは、どのような実験的状況なのであろうか？

だがもちろん、我々はネズミではないし、我々の世界は科学者によって支配されているわけではない。我々は行為する者、動作主であって、我々が構築する日常の社会的言説の盛衰のなかで、他者と関係しあっている。スキナーが「我々に行動させる」ために実験室から導き出そうとしたものは、実験の技術ではない。それは、行為を自然に発生する現象として考えるという、行為の急進的で刺激的な概念化である。ここに言う現象は、スキナーが微細な実験室での研究から、社会的相互作用をもつ我々の（そして彼の）日常世界へと敷衍しようとした、行為のコンテクストという観点から説明され得るものである。リー（一九八八、一七〇頁）はこれを、「有機体組織中心の心理学から、行為の心理学への概念的推移」と呼んだ。

事実、スキナーによる広範な心理学的文献に調和が見出されるのは、白衣の科学者から生み出された科学技術においてではなく、人道的な議論においてである。この議論には、人間の置かれた状況を見出すために人間の行為を見つめる、という彼の方法が含意されている。広く流布したイメージに反して、スキナーは、ネズミの行動よりもはるかに多く人間の行動について書き記した。そして、行動を操作したり変えたりしようということよりもはるかに多く、その力学を理解することについて書き記した。この方面の研究への第一歩は、将来に発展の可能性を秘めた著作『言語による行動』(一九五七)に見出される。

『言語による行動』は、スキナーが、実験的行動分析から生まれた解釈原理を、人間の行為のレパートリーのなかで最も複雑なもの、すなわち言語に至るまで敷衍しようとした、解釈の実地演習である。彼は、我々が語ることとは、裏に潜んだ意味すなわちコミュニケーションの意図を反映している、という因習的な観点から、離れようと努めた。スキナーは、我々が語ることを、その(社会的な)環境とのダイナミックな関係によって、あるいは社会的なコンテクストの機能として、解釈するのである。そのためスキナーは、この社会的なコンテクストのなかにある強化の随伴性が、調整された実験室でと同じように工夫されるべきだとは考えなかった。またそれら随伴性を、単一指向性であると仮定することもなかった。つまり、日常生活において、ある一人の人間が発した行為は、もう一人の発する行為を強化することにもなり得るし、そこから今度は、後者の行為が、前者の行為に対して、選択された強化の影響をもつことにもなる。スキナーは、話し言葉でさえ、我々が言うのを「選ぶ」ことさえ、これらダイナミックな相互作用における強化の社会的随伴性という観点から考察する方法を、開発しようと試みた。

簡単に言えば彼の論点は次のようになる。我々の社会的共同体は、社会的強化と弁別制御の過程を通して、言葉による発話を選択し調整するものと言える。これらの過程の根本的な力学は、実験的行動分析において探究されてきたものであった。これは、周囲にある強化の随伴性との関係に応じて異なる、発話行為の類の分析に繋がる。たとえば、mandsは、特徴的な結果が後続する発話行為（行動の類）と言われるが、一方tactsは、対象や出来事、あるいは対象や出来事のある特性を目の前にして発せられる時、社会的に強化される発話行為である。この、スキナーによる言語行為の解釈における実地演習は、長い時間と綿密さと高度な技術を要するものである。前述したように、不運にもこれは心理学の発展にほとんど影響を与えることがなかった。スキナーが応答することのなかった、チョムスキーによる敵意ある論評が、スキナーの体系に対する執拗な虚説のいくつかに貢献したことは疑いを容れない。たとえば、スキナーの体系は刺激‐反応説に基づいている、とか、強化子は行為を選択させる影響以外の特性をもっている、といった虚説である。それゆえ、言語行為に関するスキナーの説明と、彼の行った、経験すわなち「個人的出来事」の分析の、極めて重要な繋がりもまた、多くの批評家たちによって気づかれないままとなった。批評家たちは、スキナーの体系が、思考と経験には余地を与えていないもの、と主張するのである。

実際は、人間に内的な生活や経験はないなどと触れ回るどころか（だれがそんな愚を犯せよう）、スキナーは、意識の起源や機能をめぐる根本的な問いをはっきりと提示した数少ない心理学者の一人であった。たとえば彼は、tactsの機能的な類のなかに、外的世界のみならず感情や経験にも関係している、言語による行動を含めた。後者は、物理的な出来事を観察する時のような直接的な方法で、言語の共同体によって明確に観察され得るものではないので、弁別制御や強化という社会的な力学のなかに、さほど正確に入ることはあり得ない、と論じた。しかしながら、社会の共同体は、個人的な出来事に関する言表行為を適切に強化すると思われるものに、最もよく接近する。たとえば、その言表行為は「適切な」弁別制御のもとでなされそうだということを暗黙のうちに意味する、目立った環境を探し求めることによって、接近するのである。スキナーは、こうして言語の共同体は、我々の過去と現在の行動と、それが機能となるところの変種を、記述することを我々に教えることにより、認識を生み出すものである、と論じた。したがってスキナーは、意識それ自体が「社会的産物」である、と言う。それは言語の共同体のなかで、社会的相互作用から立ち現れてくるものなのである。

以上の問題に関してスキナーが頻繁に行ってきた議論は、彼の理論体系が内部に経験を考える余地を残していないという主張を、確実に論駁するものである。しかしながら明らかなことは、彼の体系のなかでは、経験の果たす役割が、我々が因習的に考えてきたそれとは著しく異なっている、という点である。たとえば、個人的な経験がなぜかしら、あたかも我々が行うことの自律的な原因であるかのように考えられるのと同じく、表立った行動は一般的に、個人的な経験の反応と解釈されてきた。これに対しスキナーの体系においては、個人的な経験はそれ自体自存的なものではなく、表立った行動がそうであるように、社会的相互作用を反映するものなのである（スキナーであれば「他者」の行動と言うであろう）。精神生活に対する、このダイナミックで本質的に社会的な観点は、社会構造主義の理論と大いに関係しあうものとなる。もっとも、前述した通り、白衣の生物学者というスキナーのイメージは、この重要な点から知的な注目をそらせることになったのではあるけれども（ブラックマン、一九九一を参照）。

心理学に対するスキナーの体系的なアプローチの本質的な特徴を簡潔に捉えようとするあまり、私はこれまで、挑戦的で非因習的な見解を抽象的にして粗雑な方法で紹介することになってしまったようだ。スキナーが最後の四〇年間をかけて繰り返し論じようと奮闘した概念を、ここで、十分完結した説得力のある方法で詳細に提示することは、私にはできそうにない。しかしおそらく、最低限、これまでスキナーの反対者たちが行ってきた執拗で由々しい誤解と虚説への反論としては、十分なことが言えたと思う。たとえば、彼の心理学は人形師の心理学であるとか、人間の行動の複雑さをネズミやハトの行動の単純な繰り返しパターンに還元しようとするものであるとか、経験の現実性や重要性を下品に否定するものであるとかいった、虚偽・誤解である。スキナーの主張の真髄を正しく提示しようと、私はその本質的な社会的ダイナミズムを強調することに努めてきた。行動とは、我々人間の内部の、非社会的な何らかのレベルで作用する過程に附随するものとしてではなく、強化子による選択の原理や、弁別制御による調整の原理を通して、社会的コンテクストによって構築されるものと考えられる。このような見解は、我々を単純な刺激‐反応の分析に留め置くことはない。あの極めて重要で無比の属性、言語というものの特別な重要性を、否定するものでもない。しかしながら言語はまた、強化の社会的随伴性の機能と解釈されるものであり、スキナー自身によって、個人的な経験と自己認識の発展にとっての鍵と見なされている。したがって経験や自己認識はまた、我々の表立った行動の自律的な原因として機能する、我々の内部に存在する実体としてではなく、我々の世界との相互関係作用の産物として、解釈されることになる。

執拗な、そしておそらくは強情とも言える、スキナーの思想に対する極端な単純化と虚偽の陳述は、心理学という領域の内部においても外部においても、スキナー思想の影響力を深刻に曇らせることになった。この理由の一つはおそらく、行動している人間という彼の概念がもつ、実践的かつ社会的な含意を、スキナーが自ら進んで考察した、という点にある。彼の大胆さゆえに、彼を、他者の行動をコントロールするために心理学的テクノロジーを応用することを唱道する、狭量な独裁主義者と見なす人々があったことは明らかである。スキナーの見解は、たとえば教育や臨床の場における行動分析の「専門的な」応用という点に関しては、彼自身を極めて積極的な立場に立たせることになった。彼は（たとえば一九六六年の著作で）次のように論じている――教育の到達地点は、具体的な行動という点から表現されるべきものであり、教育のプログラムは、目標への継続的な接近を可能にする論理的な進行手順に沿って、慎重に計画されるべきものであり、また生徒たちは、プログラムの個々の段階を順次完成させることが正しさを確認することに繋がる方法、つまり、結果的に強化に繋がり得る方法により、個人個人が各自のペースで作業を行うべきである。実際にしばしばこれらの原理の多くが組み込まれている、今日のコンピューターを基礎とした教育テクノロジーが導入される以前に、スキナーは、「ティーチング・マシン」で使用可能な教化プログラムの開発を唱えたのである。この学習の体系化は教師を自由にし、プログラムの各段階の有効性を監視し改善することに向かわせ、また知恵の源泉というよりむしろ教育マネージャーという役割で生徒と個人的に関係することを可能にしてくれるだろう、とはスキナーの論じたところであるが、しかしながら、ティーチング・マシンをプログラム化された学習の基礎とするという考え方は、ある人々には、はなはだ拘束的なものであり、社会的なコンテクストを欠いたものである、と思われた。これにより、スキナーの厳格なイメージが確立することになる。しかしケラー

（一九六八）は、様々な段階を通して進歩を達成できるよう、社会的相互作用を増大させるという、非-自動的な学習プログラム（個人用の自習プログラム）に、スキナーの哲学と原理を導入したのであった。

同様に厳格なイメージは、臨床心理学のコンテクストにおいて行動分析の原理を用いようという初期の試みとも関係している。行動を社会的コンテクストの反映として解釈するという理論体系は、行動の変化は社会的強化と弁別制御の力学を変えることによって作り出され得る、という考えを容易に生み出してしまう。「行動変容」の技術においては、精神的な病気やハンディキャップをもった患者に行動の変化を起こさせる目的で、強化の随伴性が操作されることになるが、そうなると「行動変容」は成功が望めそうに見えるが、批評家のなかには、行動を変容させようとする者によってこれらのプログラムがクライエントに強要されるという方法を、懸念する者も出てくる。そして、彼ら（およびスキナー）が強制的な操作を行う者たちだ、という見方が出てくることになる。このような懸念がより一層高まったのは、仲介の目的が、潜在している病気や病状の因習的な治療ではなく、特定の行動の発展である、と言われた時である。それはまだ、クライエントたちの多くが、施設に収容され、比較的発言力が少ない時代であった。しかしながら行動変容の技術は、何年もの間に徐々に、ソーシャルワークにおけるような、より複雑でより抑圧の少ない環境やクライエントグループに敷衍されるようになった。そして、いわゆる「随伴性契約」の原理は、発言できるクライエントとの話し合いで、望むべき成果や受容できる方法を取り決めるのに用いられた。

事実、応用行動分析の領域は、いまでは一般応用心理学のなかで十分に確立されたものとなっている。社会的コンテクストにおける強化と弁別制御の概念に基づいた、行動変革の技術は、現在広く用いられている。だが、残念ながら次のことは認めなければならない。この技術は時として、スキナーの行動分析の見方に固有の方法、行動の問題を社会的産物として解釈する方法とは、ほとんど関係のない、どことなく実用主義的な、料理の本のような方法で用いられている。私の見解では、このような実用主義的なアプローチは、鈍感なプログラムに行き着きそうである。というのも、行動分析の解釈に根を持つ仲介は、行動を常に強化の随伴性の反映と見なすし、したがってあるプログラムの欠点や問題点の責任を、そのプログラム自体に帰することになるが、一方、より実用主義的なアプローチは、どんな問題であれ、その責任を仲介のプログラムではなくクライエントのせいにし続けるからである。

概して応用行動分析の技術は、心理学の専門家たちによって唱道され、彼らに委ねられた。しかし、この点に関する心理学者たちの先取権は徐々に、教師や看護婦や精神科医やソーシャルワーカーたちが奪いあうようになった。そのため、これは必ずしも問題がないわけではないけれども、社会は、受容可能な方法が適切な目標を達成するために用いられているかどうかを、専門的に監視することを望めるようになった。社会のなかの人間に関する西洋の伝統的な概念に対して、より一般的でよりあからさまな挑戦となったのは、我々が生活している日常の世界に、スキナーが行動分析の原理を敷衍したことである。これらの問題に対するスキナーの興味は、彼の小説『ウォールデン・トゥー』(一九四八)に辿ることができる。共同体の社会的要求が確認され、これらの要求を達成するための計画が考案されるなかで、社会的随伴性が調整される、という虚構のユートピアを描いた作品である。この小説にはまぎれもなく自伝的要素が含まれている。虚構の人物がしばしば表明する見解は、明らかにスキナー自身のものである。それ以上に、多くの批評家は次のように主張した。ここで計画された共同体の中心人物であるフレイザーは、スキナー自身が切望する役割を演じている、つまり、究極的な、自律性をもった、他の人々の支配者である。だが（嫌悪による制御法などには頼らない鋭敏な管理者のように）、フレイザーの行動は、他の人々の行動と同じように、ウォールデン・トゥーという社会的コンテクストの網の目のなかに絡み取られている。

『自由と尊厳を超えて』（一九七一）は、スキナーの行動分析的な立場からした、社会政治学的な含意のある入念な議論を提示している。そしてこの本が彼の最も議論を呼んだ作品となったことは、驚くにあたらない。「地獄の青写真」とは呼ばれたが、ここでは、我々の行動は潜在する過程の何らかの付属物ではなく、社会的コンテクストの機能として解釈され得る、という考え方が、最終的に何を意味するかが真に問われている。スキナーは、行為の自由や自律性という我々の伝統的な概念が、社会の強化子が我々自身の行動に影響を与えている事実から、我々の目を背けさせている、と論じる。さらに、人間の尊厳を我々が強調すること、つまり、「彼ら」が「彼らの」行動の責任を負わされ、「彼らの」行動ゆえに咎められたり賞賛されたりすることを強調することは、そのような行動を生み出している社会的な力学を、無視していることの反映に他ならないのだ、と論じている。スキナーは、行動はコントロールされる「べき」だと言うのではなく、むしろ、自由や尊厳を言う我々の文学のほうが、行動が社会的な力学によってコントロール「されている」現実から、我々の目を背けさせているのだ、と言っているのである。彼は嫌悪を起こさせる処置（＝嫌悪刺激＝負の強化）が他者に強要されるべきだと論じたのではない（どんな場合であれ彼は、嫌悪を起こさせる処置など、継続性をもった行動変革を生み出すには効果的ではない、と何度も何度も論じている）。事実スキナーは、強化の随伴性はどんなものであれ、他者に強要されるべきではない、と論じている。むしろ彼が示唆したのは、自律性と自由の概念は、我々の行動がどのように影響を受けるか——とりわけそれが、負の強化からではなく正の強化からの影響である場合どうなるか——に対する理解の妨げとなる、ということである。そのため彼の議論の焦点は、共同体内部の社会的相互作用の力学に置かれている。彼は特に次の点を論じた——そのような相互作用のなかにある不均衡な影響は、我々の注意を個人の自由という概念に向けさせるサーチライトによって容易に闇のなかで照らされないままになってしまい、道徳的な問題を生み出すことになる。明らかに、スキナーの社会という概念は、ある権威ある指導者の意志を、強制的な方法によって他の人々の行為のうえに押しつけるものを指しているのではない。むしろ彼が論じているのは、社会の要求は、具体的で正確な言葉によって表現され、相互的に絶え間なく変化する社会の力学が、それらの要求との関係で認識された時に、より良く達成される、ということである。

以上の簡単な概説で、私は単に、スキナーによって提出された主題のうち、心理学の内部に留まる領域だけを明らかにしようと努めた。彼が、動物の行動におよぼされる環境上の出来事の影響を研究するために、実験技術を開発したことは事実である。そしてまた、スキナー自身は後に遺憾の意を表明しているが、これらの技術の力を、たとえばハトにピンポンを教えるような実験で具体的に例証したことも事実である。彼の草分け的な研究から派生した行動テクノロジーの衝撃は、ほとんど誇張しようがないほどである。実際、行動変革のための効果的なテクノロジーを生み出すために、社会が心理学という科学に期待を向けるのであれば、スキナーの科学的な研究からもたらされたテクノロジーは、何より広範囲にわたる、極めて効果的なものであることは明らかである。だが私の信じるところでは、スキナーの研究の真の意義は、彼の実験的な研究がその土台を提供したところの、体系的な観点ないし哲学そのものにある。つまり、行動とは、たとえばそれが相互に作用しあう社会環境の力学的機能であるといったように、コンテクスト主義的な言葉で説明され理解され得る、自然に発生する現象である、という考え方である。ここからスキナーは、人間とは何かという観点に向かう。これは確かに心理学の中核となる問題であるが、西洋の支配的な観点とは本質的に異なる。この考え方の真髄を捉えようと、ベーア（一九七六。またハインライン、一九八〇も参照）は、人間を行動分析の用語で記述するにあたり、これを行動の究極的・自律的原因としてではなく、行動のホストと表現した。つまり生きている有機体とは、ある意味で、行動が、系統発生上の影響と、これに伴ってやってくる強化の社会的随伴性から帰結する場所である。私がこの挑発的な考え方を、たとえその輪郭だけとはいえこれほど簡素な書き方で捉えようとしたのは、無謀であったかもしれない。けれども私には、心理学の歴史的な発展における知の巨匠のリストに、スキナーの名を載せることを正当化するのも、この哲学的挑戦（たとえそれが詳細にわたる経験主義的な実験から来るものであっても）であると思われるのだ。スキナー自身による研究の多くは、動物実験室において、行動におよぼされる環境の影響を実験的に分析することに捧げられたのではなく、コンテクストにおける人間と行動という彼の概念化が、何を含意しているかを議論することに捧げられた。人間の言語行動に関する彼の急進的で理論的な分析は、この過程にとって決定的に重要な一歩を踏み出した。これは事実、心理学における意識とその場所を巡る議論に繋がって行くものであり、ヴィゴツキーのような心理学者による、当時流行っていた概念とも接触することになる。強化の結果が行動に与える影響の実験的な研究は、専門家が実際にテクノロジーを応用する場合の土台を提供するものであったけれども、スキナーの理論的な立場が含意していたものは、社会における個人の行動に関する議論において、最も挑戦的な形で展開された。つまり彼の分析は、一般に心理学者たちが自らの教育方法を開発していく際に、あまりにも直視したがらない論点、すなわち、道徳的で、実際には政治的でもある論点を、前面に押し出した分析であった。

だがスキナーとはどのような人間だろうか？　このような概説では、その研究が議論される当の人物について、伝記的な詳細を語ることから始めるのが普通だろう。そこで私は、そのような詳細に立ち戻ることにする。たぶん、ある批評家たちが無慈悲な哲学と見なしているものではなく、人間的な調べでこの論を終えたい、と私自身が望んでいるからだろう。だが私自身の歴史が私に語っているのは、この人物に対する態度が、その考え方に対する態度によって汚されることにもなり得る、ということだ。たとえば、私は何度か、善意のホストたちに、こちらは行動主義者ではあるけれどもとっても良い人だ、と紹介される機会があった。私はもちろん、その賛辞に気づいたし、それに感心もした。だがそれにしても、なぜ「行動主義者であるけれども」なのだろうか？　たとえば、啓発的な社会科学者もしくは認知科学者「であるけれども」（あるいは「であり、なおかつ」）良い人だ、といったような紹介は一度も耳にしたことがない。これがスキナーの場合だと、多くの人の側で次のような予測があるのではないかと思われる。つまり、人間の奇矯さは弱さとなるものだ、どんな人格的強さも他人には脅威になってしまう、といった予測である。だが、彼には（他のだれもと同じように）欠点はあったけれども、私には真摯な学者であり親切な人間であると分った。自身の見解を、他者との相互関係や自分自身に関する理解にも応用した人間だった。

フレッド・スキナーはペンシルベニア州の小さな町サスケハナで育った。私はその六〇年後にこの町を訪れたが、最も有名な心理学者の一人となったかもしれないというのに、幼い頃の彼を知っている者は一人も見つけられなかった。だが、彼の自伝（スキナー、一九七六）の最初の部分から、彼の幼年時代に関する多くの「詳細」を再構成することができた。というのも、自分の初期の人生に関する説明には、多くの人が彼の心理学的発展と呼びたがるものに関する崇高な解釈よりも、彼の行動を形作った日常の社会的相互作用に関わる物語が満ちている。一九二二年、スキナーは英文学を研究するためにハミルトン・カレッジに入った。彼は作家になりたかったと語っており、実際ロバート・フロストは、「真の精密な観察力」があると言い、彼を励ましたこともあった（スキナー、一九七九、二四九頁）。だが自らのこの興味を発展させようという試みは成功しなかった。スキナー自身によると、語るべきことが何もないことに気づいたからである。その後心理学の研究に向かって後、スキナーはサキソフォンを演奏することも止めた。当時は「心理学者には良くない楽器」と思えたからだ。晩年、あれほどの誤解に晒されてどれほど耐え忍んだかという質問をされて、彼は次のように返答した。「自分は一年のうち三回か四回だけ理解される必要がある、ということが分りました」。私がこれらの逸話をここで紹介することにしたのは、しばしばこの人物を特徴づけるものである、自己卑下のスタイルを詳述するためである。

大学の心理学界におけるスキナーのキャリアもまた、自己権力の拡大の一つとは言い難いものであった。学士論文に取り掛かってから死ぬまでの間、彼はいかなる研究チームも支えとせず、ハーヴァード大学において幅広い研究を行った。一九六八年にアメリカ科学勲章、一九七一年にケネディ精神遅滞基金国際賞といった名誉を受けながらも、彼は大学と心理学の世界において、権力や影響力を備えた地位に就くことを拒んだ。個人的な生活は穏やかなもので、五〇年以上にわたるイーヴとの結婚生活からは多くの支えを得て、二人の娘をもうけ、現在一人は教育学者となり、もう一人は芸術家になっている。大学院時代の仲間フレッド・ケラーとの学術的かつ個人的な深い友情もまた、五〇年以上衰えることはなかった。

スキナーは非常に音楽が好きで、また機械仕掛けの類には常に興味をひかれた。オペラント条件づけを研究するための装置、いわゆる「スキナー箱」の開発は、明らかに後者の興味を反映するものであるし、ティーチング・マシンを手掛けたのもまた同様である。この興味はさらに、彼を空調ベビーベッドの開発に向かわせた。これは空気調整・温度調整のなされたベビーベッドに他ならず、自身の次女のために考案された。他の子どもたちが厚い衣服にくるまれて通常のベビーベッドに収まっている時分に、彼女は衣服に縛られずそこにいられる、というわけである。機械仕掛けといわゆる「スキナー箱」の間に奏でられたけたたましい「騒音」は、悪意ある物語を生み出した。スキナーは自分の子どもを箱の中で育てている、とか、このため娘がどれほど悲惨なことになったか、といった物語である。いずれの物語もまったくの虚偽であり、いかなる事実にも関わりがない。とはいえ、スキナーの仕事場はやはり、実用新案小道具類で有名であった。我々の多くが日頃煩わされなければならない些細な厄介事を解決するために考案された、風変わりな労力節約機具等が備えられていた。

スキナーは実際に、多くの点で変わった人物であった。たとえば、彼と話をしたがる者に対してはどれほど若い相手であろうと役に立とうと努めた、という逸話は数限りなくある。嫌悪を起こさせる処置〔＝嫌悪刺激＝負の強化〕よりも正の強化の効果のほうを擁護する者として、支援したい相手には返答しても、励ましを与えようと思わない相手には「知らぬ存ぜぬ」の態度を通すことで有名だった。このような習性は、彼の著作のいくつかに対する軽視を促すことにも繋がったようだ。たとえば言語による行動に関する彼の説に向けられた、チョムスキーによる壊滅的な論評に対して、彼は決して返答しなかった。彼が後に説明したところによれば、この論評の耳障りな口調が気に入らなかったうえに、実際のところ自分の本に述べてある概念を論じたものではない、と判断したからであった。だがこのことは単に、ある人々に、スキナーはチョムスキーの猛攻撃に対しては抵抗のしようがなかったのだ、と考えさせてしまったようだ（マックコークウォデイル、一九六九を参照）。同様にスキナーは、しばしば粗雑に過ぎる虚説や悪意に満ちた人身攻撃的な批評に対してすら、つねに穏やかさと威厳（と言ってよいだろうか?）をもって接した。もちろん、その多くが彼を傷つけたことは確かである。またスキナーは、自身の行動に影響を与えた環境・境遇に対しても、注意を怠らなかった。これらの影響を増大させるために、どこかしら儀式的な方法で研究を行い、自分に課した明確な目標を達成するための行動を「起こさせる」のに役立てたのである。

私にはスキナーを、だれかが言うように権威主義〔独裁主義〕の権化と見なすことは不可能である。このことが、私自身の彼との相互関係に内在する、強化の随伴性を反映したものであることは疑いを容れない。そしてまた私が、彼の著作を極端に単純化し、品位を落とし、小手先で改変して見せようとも思わないことは、以上のささやかな議論で示そうと努めてきた通りである。

最後に、ジェローム・ブルーナーによるコメントをあげておきたい。彼は、スキナーによって唱道された方法とはまったく異なる方法で心理学にアプローチした、草分け的な存在である。ブルーナーは次のように書いている。

私たちは、心理学における中心的な理論的問題の多くにおいて激論を闘わせてきた。しかし、仲間としてつきあってきたハーヴァード時代やそれ以後の時代の一切において、私は彼の善意や、誠実さや、概念をめぐって公正に闘おうとする熱心さを、いささかなりとも疑ったことはなかった。彼が世界の扱い方において礼儀正しかったことは、ユートピアの信念を抱き、それがいかに管理されるべきかについて熱心に考察したことからも窺われる。これほどの尊敬すべき好敵手に恵まれたことには、ただ感謝の意を表するばかりである（マホーニー、一九九一、六三四頁）。

行動や精神の神秘について少しでも理解を深めようと奮闘する心理学の一例として、ここにスキナーの人生と知的業績を紹介する機会を与えて頂いたことに、私は感謝している。私は彼のアプローチが考察に値するものと信じている。というのも、トリニティ・カレッジ・ダブリンのリオ・ベイカー（一九九〇、九四頁）が言っているように、スキナーは、「人間に行動を起こさせるものは人間である、という〈自己中心主義〉」から脱し、「起源は過去と現在の周囲の環境に求められる」とする立場に移ることによって、「人間の行動の本質に関する我々の理論に、コペルニクス的転回を促した」のであるから。知的生活と心理学になしたスキナーの貢献は実に挑戦的なものであって、ここ数年来の一般の傾向よりもはるかに注意深く、はるかに共感をもって、考察されるべきものである。したがって、このささやかな本論を終えるにあたり、以下の著書に言及できることは喜びである——近年リシェルによって、スキナーの業績への、学究的であるが偏見のない再評価が出版された（一九九三）。

# 第六章　ジャン・ピアジェ（1896–1980）

——ピーター・E・ブライアント

ジャン・ピアジェ（1896-1980）

ジャン・ピアジェは、一八九六年、スイスのヌーシャテルに生まれた。少年の頃から動物学で有望な才能を発揮し、一〇歳で最初の科学的な論文を発表した。一五歳になるまでには、軟体動物に関する論文をいくつか発表し、ヨーロッパの動物学者の間で名声を勝ち得ていた。

ヌーシャテル大学で動物学の博士号を取得して後チューリッヒに行き、エウゲン・ブロイラーとカール・ユングの指導のもと、ブロイラーの診療所で精神医学を研究した。その後二年間、パリのソルボンヌに勤務し、この間、以前ビネーと共同研究を行ったことのあるシモンとともに、研究を成し遂げた。ピアジェは子どもに対して新しい知能テストを試みる仕事を任され、子どもたちがテストの問題を解くために用いる推理の働きに興味を抱き、またこの推理なるものが、年齢に応じてどのように変化するものであるかに興味を抱いた。この経験が、子どもの思考の発達に関する永年に亘る経験主義的な研究の、出発点となった。子どもの思考の研究に、彼は準臨床的な方法を開発したのである。この方法は、実験の過程で主体を注意深く問うものでもあり、初期の研究のほとんどは、二人の娘に対して行われたそのような観察と実験に基づいていた。

知能の発達に関する理論によって、ピアジェはある原理の確立に貢献しようとした。すなわち発生的認識論である（最初にこの名称を用いたのは、アメリカの心理学者J・M・ボールドウィンである）。発生的認識論は学際的なものであって、人間の知の本質と起源に関わり、心理学のみならず、哲学、生物学、サイバネティックスとも関連しあう領域である。

スイスに戻って後、彼はジャン＝ジャック・ルソー協会の主事に就任し、また後に（一九二九）ジュネーヴ大学の児童心理学教授となった。一九五五年にはジュネーヴに発生的認識論国際センターを設立し、ここの主事となった。ユネスコにも活動的に関わり、一九七五年に退職するまで、国際教育事務局の理事を務めた。

研究者としての生涯に、彼は五〇冊以上の本と大量の科学的な論文を発表した。彼の研究が与えた衝撃は広範かつ持続的なものであって、心理学、教育学、言語学、物理学にまでおよんでいる。一九八〇年死去。


今日では、知能の発達の研究には、三つのはっきりと異なるアプローチがある、と言っておくのが公正であるように思われる。それぞれの立場に熱烈な支持者と批判者がおり、いずれの立場も子どもの知能に関する人間たちの認識に、著しい貢献を果たしてきた。これらのうちの一つ、比較的最近登場してきたアプローチは、いかなる深淵な意味においても知能に多大な発達は存在しない、という立場を取る（ゲルマンとガリステル、一九七八。スペルク他、一九九二。スターキー他、一九九〇。ジョンソンとモートン、一九九一）。この立場の人々は、成長に伴って子どもたちの行動に何らかの顕著な変化が起こる、ということには同意するが、それは主として表面的な変化に過ぎない、と論じる。深い意味での変化などない。つまり、子どもというのは、基本的な知的能力を完全な状態で備えて生まれてくるものであり、子ども時代における主要な任務は、それら知的メカニズムを効果的に展開していく方法を学ぶことである、と主張するのである。

二つめのアプローチは文化に目を向けるものであり、現在このアプローチが帯びている形態は、ロシアの偉大な心理学者レフ・ヴィゴツキー（ヴィゴツキー、一九八六。ヴァン゠デル゠ヴェールとヴァルシナー、一九九一）の考えにまで遡ることができる。ヴィゴツキーの論じるところでは、子どもはかなりの知的能力を備えて生まれてくるが、自らがそのなかに生まれ落ちたところの洗練された文化はそれまでに様々なものを発明し発見してきたのであるから、子どもはそれを甘受しなければならない。これら文化的な成就・業績についての学習は、彼らの知的発達過程を変容させるものである。つまり、読むことを学び、数えることを学び、操縦することを学び、またごく最近の例で言えばコンピューターの扱いを学ぶことは、子ども自身の成就・業績ではあるけれども、同時に自らの知的発達過程に多大な影響をおよぼすことにもなる。これらのいわゆる「文化的道具」は、子どもの知的レパートリーの一部となっていくのである。

三つめのアプローチは、ほとんど全面的に、ヴィゴツキーの古くからの論敵、ジャン・ピアジェの、傑出した業績に帰せられる。子どもは知的メカニズムのない状態で生まれるものであり、自分がその中に生きているところの文化を捉えられるようになる前に、つまり自らを取り囲む環境を理解できるようになる前に、自力で一連の知的メカニズムを獲得しなければならない。この知的メカニズムは、彼らに論理的であることを可能にし、自らの思考と経験を秩序正しくまとめ上げることを可能にし、ひいては自らの知的発達過程を反省することも可能にする。この知的メカニズムの獲得こそが、人間の発達を押し進めてきたものであり、また子どもたちが、耳にした言葉や、あるいは口にした言葉でさえも、適切に理解する時がいつになるかを決定するものである。日々学校で聞かされている数学や科学や地理や歴史の、最も初歩的な部分でさえ、彼らがそれをいつ把握することになるかは、この知的メカニズムの獲得次第なのである。

ジャン・ピアジェの学者人生に起こった出来事は、単純だが劇的なものである。その偉大な研究は、若くしてすでに著名な生物学者であった彼が次のような問いを発したところから始まった。「我々は、どのようにして身のまわりの世界に対する認識と理解を獲得するのか?」この問いへの解答を見出すために彼は、五〇年に亘る、子どもに関する絶えまない研究と思索を費やした。そしてその間に、発達心理学(いわゆる児童心理学)においてかつて知られることのなかった、最も巧妙にして独創的な実験、および最も強力な理論を生み出したのである。彼の実験は、現行の発達心理学の実験において最も頻繁に繰り返されている実験であり、彼の理論は、論争はあるものの、子どもの知的成長をめぐるほとんどの研究にとって、いまだ出発点であり、またしばしば到達地点でもある。

ピアジェの子どもに対する興味は、一九二〇年代にパリを訪れた時に始まった。彼はパリで、シモンとビネーが初めて知能テストを成功させた際に、彼らの共同研究者として働いていた。シモンはピアジェに、英国でシリル・バートによって考案された新しい部分検査を試してみるように頼んだ。この検査では、子どもたちはたとえば次のような問いを与えられる。「ジェーンはスーよりも美しい。スーはエレンよりも美しい。ジェーンとエレンではどちらが美しいか?」このような推論の問題を考えたバートの目的は、個々の子どもの知的能力を予知し測定するための新たな方法を発見することであった。だがピアジェは(一九二一)、幼い子どもたちがこのような問題に反応する仕方を見て、大いに異なる考えにとらえられた。彼以前にすでにバートには分っていたのだが、ピアジェはこのような特定の推論――この種の推論は、量的連続体に沿った過渡的な関係を含んでいるため、過渡的推論と呼ばれる――が、幼い子どもには著しく困難であることを発見する。しかしこういった推論は、いくつかの根本的な知的理解の形態の、中心に位置する論理形態を含んでいる。ピアジェは次のように論じた――過渡的推論を行うことができなければ、いかなる連続体における序列的な関係も、真に理解することは不可能である。つまり、三は二よりも多く、二は一よりも多いならば、三は一よりも多いに違いない、ということも、理解できないということになる。また測量がどういうものであるかも理解できない。過渡的推論も測量もともに、それらだけで直接比較することのできない二つないしそれ以上のもの（AとC）を比較するためには、共通の尺度（B）を必要とするからである（ピアジェ他、一九六〇）。そこでピアジェは次のように主張した。もし六歳から八歳の子どもが、過渡的推論を実際には行えない、もしくは理解できないならば、初歩の算数の勉強にしても、彼らにとっては曖昧なものが多々残ることになろう。ピアジェによれば、この論理上の間隙はまた、空間的な関係の理解にも困難を来たす。彼ははっきりとした確信を抱いて次のように論じた。水平性と垂直性といったような空間的な次元を理解するためには、個々の空間的な比較対照物を、結びつけることができなければならない（傾けたコップの水面は、テーブルと平行である。テーブルの面は床と平行である。床は水面と平行である。したがって、いずれもが同じ方向に位置づけられている）。このように比較対照物を統合することは、事実上、一連の過渡的推論を行うことである（ピアジェとインヘルダー、一九六二）。

以上、私がピアジェの過渡的推論に関する研究と見解を長々と論じたのは、一つにはそれが、子どもに関する彼の最初の研究であるからだが、同時に、それが彼のライフワークの主要なテーマとなるものを、極めて明確に語っているからである。つまり、子どもは論理をもたずに生まれてくる、ということ。子どもはその後自力で論理的な枠組みを構築しなければならない、ということ。自らの世界を理解しそれについて学ぶための子どもの能力は、この、ゆっくりとはしているが容赦のない、論理の発達の速度によって、完全に制約されている、ということである。

さてそこで、子どもの知能の発達に関するピアジェの説を簡単に要約しておこう。まず、ピアジェの理論およびその他すべての申し分ない発達理論が、二部構成になっている点を言っておきたい。第一は、子どもの頃に変化するものは何か、に関する説である。つまり、四カ月の子どもと一歳の子どもとの違いは何か、三歳と五歳の間で何が変わるのか、といった類の問題である。ここでのピアジェの主張は、論理が発達する、ということ、したがって、子どもは年齢とともに論理的になっていく、ということである。

ピアジェの理論の第二は、発達上の変化の原因に関する極めて明確な主張である。子ども時代に急激な変化が起こるとする説は、いかなるものであれ、その変化を起こさせるものは何かという問いにも答えなければならない。ピアジェは良心的にその答えを提示した。手短に言えば、ここで彼の主張の中心になっているのは、子どもは自らの知能の発達を自力で達成するのであり、それは主として、環境との日常的な経験からもたらされる、ということである。後に見るように、この何げない主張で最も重要な点は、発達をもたらさないものは何か、という問題である。子どもが変化するのは、単に、世界がどのようになっているかについて教えられた結果ではないし、また、前もってプログラムされた、先天的なメカニズムの活動の結果でもない。子どもが変化するのは、自ら世界観を何度も何度も変化させねばならない経験のなかに、彼らが引き入れられるからである。子どもたちは世界観を自力で作り上げるのだ(ピアジェ、一九七三)。

ピアジェが実際に行った経験主義的な研究は、ほとんどすべてが、以上の二つのうちの最初の問題を扱っている。彼はまず、どんな大人にも単純明白に思える知的な処理を、手探りで探すまったく通常の子どもの例——過渡的推論の例——から始め、同様のことを大人にまで続けていった。この研究からは率直な驚きがもたらされた。幼い子どもと大人、およびある年齢の子どもと別の年齢の子どもでは、本質的な違いがあった。

まず、彼の幼児に関する概念から始めなければなるまい。生まれたばかりの幼児は、たとえば視覚的に動いている物体を捕まえたり吸ったり追ったりという、ある種の動きや単純な行動様式を生み出す能力は備えているが、それ以外は何も備えていない、とピアジェは主張した（一九五二b）。これら少数の初歩的な活動に関して彼が主張したのは、それが基本的であるということではなく、まとまりを欠いた活動だということである。裏を返せばこれは、赤子が、自己を有形の統一体として感じ取ることはまったくないということである。自分がどこで終わり、外部の世界がどこから始まるのかを、まったく知らない。したがって、自己とは有形の統一体に取り囲まれている——あるものには生命がなく、別のあるものには生命があるという、他の有形の統一体に取り囲まれている——有形の統一体である、と理解することはないのである。

ピアジェが以上の見解に達したのは、子どもが生後四〜五カ月の間で、目に見える事物に手を届かせることを学ぶ方法を細心に観察した結果である。最初に観察されたのは、子どもたちが目にしているものと子どもたちが行うこととの間には、一切協調関係が見出せない、ということであった。生後二カ月の女児は、視野のなかで浮遊している自分の手を見るが、それは自分の母親や通り過ぎるネコを見る見方とほとんど変わりがない。ピアジェによると、この子どもは、自分の手が自分の一部でありネコはそうではないということを認識する方法を、まったくもっていない。次なる小さなステップは、自分の手が視野に入ってくると、それを止めて見つめ始める、ということである。ピアジェの見解では、これは最初偶然に起こる。つまり、子どもはたまたま手が視野に入ってきた時に、それに「止まれ」という命令を出す。そしてこれが、視覚的に面白い結果をもたらすことを発見する。子どもは後にこの結果を繰り返そうとする。おそらくこの女児は、ネコが通り過ぎる時も、自分自身の手が通り過ぎる時とまったく同じように、これを繰り返そうとするだろう。だが止まるのは手だけである。これが、子どもに最初の手掛かりを与える。自分は、他の複数の独立した統一体に囲まれている、ある一つの別個の統一体である、ということを知る手掛かりである。

この興味深いプロセスにおける次なる段階は、子どもが自分の手を調べている間、必然的に、手は他の物体と接触することになる、ということである。そこで子どもはその物体を掴み、やがてこの経験によって、子どもには、目に見えている物に手を伸ばすということが可能になる。たとえ初めてその物体に気づいた時、自分の手が視野のうちに見えていなくても、である。こうして欲しい物に手が届くようになり、折よく手にした物を調べることができるようになると、この子どもは自己を取り囲む物体の性質について学習できるようになる。ピアジェが提示した興味深い仮説は、これが赤子が知覚の恒常性について学ぶ方法であるかもしれない、ということである。つまり、たとえ動いている物体の視覚映像がつねに大きさや形を変えているとはいえ、事実上物体は終始同じ形、同じ大きさを保っているのだ、と赤子が理解し始める方法である。ピアジェは、赤子が手に持った物体を眺めている時、しばしば、同時に手をあちらこちらに動かしていることに気が付いた。この時、視覚映像は変化するが、同時に手にしている触覚的印象は、子どもに向かって、それでも物体の大きさや形はまったく同じものなのだよ、と語っているのである。

ピアジェによって観察されたもののうち、私が特に以上の点に紙面を割いてきたのは、これが、人間の初期の発達に関する彼の研究をよりよく例示するものだからである。これはつまり、子どもの自らに関する理解と身のまわりの環境に関する理解の間にある驚くべき間隙を、何とか見極めたいというピアジェの意志を明確に示すものであり、そしてまた、ピアジェの見解によれば、結局子どもはそのような間隙を、自らに自力でもたらした経験によって、埋めることを学ぶのだということも示している。ピアジェは考えた——赤子は自らの活動の結果を、モニターすることによって発達するのだ。

次に、その二〜三週間後、月齢六カ月の同じ女児が、複数の物体を摑むことに習熟し、持ち上げたり落としたりできるようになってからの話を取り上げよう。赤子はそれらの物体と何とか戯れようと、まるで実験を試みるかのようにして多くの時間を過ごす。ピアジェによれば（一九五四）、赤子はいまでは、これらの物体の多くの特性を理解しているが、それはあくまで、自身でそれらを知覚している時だけに限られる。自身の知覚内から過ぎ去って行くと、赤子は、それらがどのようなものであったかまるで分らないのである。ピアジェは驚くべき仮説をたてた——この月齢の赤子たちは、目の前から消えてしまった物体は、たとえいまだに存在していても認識しない——。この仮説は、ピアジェ自身の観察に基づいている。彼はまず、赤子の欲しがっていることが明らかな物体を赤子に見せ、次に、赤子が見ている前で、これをクッションやカバーの下に隠す。クッションやカバーは容易に赤子の手の届くところにある。ピアジェは赤子たちがどうするかを観察した。物体の覆いを取り除く代わりに、六カ月の赤子たちは、単に注意を向けなくなるだけであった。赤子たちは、原理的にはクッションを持ち上げ物体から覆いを取り除くことができる。だがそうしなかった理由は、ピアジェの見解によると、もはや自身に知覚できないものとなってしまった物体が、実は相変わらず存在しているのだという事実を、把握していなかったからである。

生後九カ月も経つと、赤子の行動は変化する。この頃には、クッションの下に隠された物体を、ほとんどつねに探そうとするし、見つけ出すこともできるようになる。さて、これで話は終わるかのように見える。クッションの下に物体を探し当てることのできた子どもは、それがつねにそこにあることを知ったのだ、といったようなピアジェの結論をだれもが予測するのではないだろうか。

ところがまったくそうではない。ピアジェが発見したのは、この月齢（大雑把に生後九カ月から一二カ月まで）の赤子は、ある特別な誤り、ピアジェがABエラーと呼んだ誤りを冒している、ということである。ピアジェはこの誤りから、赤子は未だに物体の恒久不変性と独立性を理解してはいないのだ、と推論した。ABエラーは、かつて幼い子どもに観察されたなかで最も驚くべき行動様式の一つであり、これを単に、無経験な子どものやる任意の取るに足らないしくじりとして退けなかったところに、ピアジェの面目がある。彼の観察したところでは、ある場所（A）に一度か二度物体を隠すと、九カ月の赤子は迷わずこれを探し出す。だが次にこれを別な場所（B）の別なカバーの下に隠すと、赤子は彼がそうするのを見ていながら、すぐに最初の場所を探し始めるのである。この奇妙な反応にはいかなる理由があるのか。

ピアジェの仮説は複雑にして挑発的なものである。この月齢の赤子は、隠されるのを見ていたその物体を、カバーの下に探し当てる時、何が起こっているのかを理解してはいないのだ。物体が目の前から消えた時、赤子は未だに、その物体が消滅したものと考えている。だが同時に、カバーの下に辿り着く行動自体が、物体を再び生み出す、もしくは再構成する、と考えるのである。言い換えれば、赤子は一種の反応呪術を信じている。だから、別の場所（B）に物体が隠されているのを見ても、赤子にはBに向かう理由はない。物体を生み出すために赤子がやらなければならないことと言えば、以前物体を首尾良く取り戻してくれた、Aに向かう行動を繰り返すことだけである。したがってピアジェによれば、ABエラーが論証しているのは、たとえ子どもが物体を探していても、子どもは、物体が見えなくなった後も同じように存在しているのだということを、最初は理解していないということである。

生後一二カ月にもなると、同じ女児はもうこの間違いは冒さない。だがそれでも、いくつかの驚くべきエラーを冒す。ここでピアジェが見出そうとしたのは空間的推論であった。だが最初は見出すことができなかった。彼が多くの場合行った実験は、まず玩具を小さな容器に入れ、この容器をカバーの下に置き、この時容器のなかから玩具を取り出してしまう、というものであった。次に、空の容器を取り出し、子どもにそのなかを探させる。問題は、「もはやそのなかに物体が見つからなかった時、子どもはどうするか?」である。他に考えられる場所といえば、カバーの下だけである。ピアジェは、赤子がこのような単純な推論をできるかどうかを知りたかったのだ。答えは否であった。生後一八カ月に達するまでは、赤子にこの推論はできなかった。一八カ月になると、赤子は玩具を探し出すことさえできた。思うに、これこそが、幼い子どものなかにピアジェが観察できた、最初の論理的な動き〔発達〕である。彼の論じるところでは、このような推論ができて初めて、子どもは真に、身のまわりの物体の恒久不変性と独立性を理解できた、と言い得るのである。

私はこれまで二つの著名な例を挙げてきた。だがこれは、ピアジェが赤子の心理的な世界を探究するなかで突き詰めてきた、膨大な数にのぼる主題群の、ほんの一部に過ぎない。彼はこの世界を、我々の世界とは想像も絶するほど異なったものとして解釈した。だが、二歳までの幼児たちを対象に数多くの行動の局面を研究してきた彼の分析の一切には、ある中心的な主題が反復されている。この年齢の幼児は、自らの行動の結果から学習を行うということ、そして、幼児たちが学ぶのは、いかに効率的に行動するかだということである。幼児たちが自分で獲得する知能は、ピアジェの言葉では、実際的知能である。

この知能は、二歳児には有効に働くが、すぐにさほどの効果は発揮しなくなる。ピアジェが具体的操作の時期と呼んだ、次なる主要な発達期間においては、子どもは、単に論理的に行動する能力を獲得しなければならないだけでなく、同時に明確な論理的判断をも下さなければならなかった。

ピアジェは、だいたいのところ四歳から一三歳までの子どもの知能の発達に関して優れた説明を行ったが、これを扱う前に、私はある理論的な点を指摘しておきたい。ピアジェは、一見異質に見える数多くの問題を扱うための能力を、子どもが変容させる様子を観察した。これら数多くの問題に直面して、幼い子どもはまったく途方に暮れるが、年長の子どもは十分に解決する能力があった。しかしピアジェはここで、幼い子どもが思考過程においては没論理的である、という主張に留まらず、さらにそれ以上の深い理論的な洞察を行っている。ピアジェが考案した論理的な問題を解決する際、子どもには、獲得していなければならない最も重要な能力、根元的な能力がある、という主張である。この根元的な能力を、ピアジェは「可逆性」と呼んだ（ゴールド、一九八七）。これは変化を帳消しにする能力、自らの知の歩みをたどり直す能力である。仮に、九個のおはじきを得るために、すでにある五個に四個を足すという場合、私は同時に、九個から五個を引くことが、おはじきの数を四個に減らすことになると知っている。なぜなら私は、5＋4＝9であるなら、9－5＝4でなければならない、と知っているからである。私がこれを知っているのは、たとえ五個の組と四個の組を混ぜ合わせたところで、同時に私は、全部で九個の組が、五個と四個の二つの部分集合からなっていると理解できるからである。ここでは同時性が極めて重要である。これは、ある時は部分集合を扱いまたある時は全体集合を扱う、といった問題ではない。可逆性とは、変化を起こさせ、もしくは観察し、これとまったく同時に、頭のなかでその変化を帳消しにする、という能力である。

さて、ここまできて初めて我々は、この原理がどのように働くかに関するピアジェの中心的な研究に向かうことができる。ピアジェのこの研究で、最も有名にして最も議論を呼んだのは、保存性の実験である（ピアジェ、一九五二a）。保存性課題の目的は、不変性という原理、つまり、ある一定の量は、足したり引いたりされないことには同じままである、という原理に関する子どもの理解を、テストすることである。知覚の変化のようなその他の変化は無関係である。おはじきを縦に長く並べようが山積みにしようが、数自体には何ら影響しない。だがおはじきを一個入れたり引いたりすれば、影響はある。

保存性課題は二段階にわたって行われる。まず最初に子どもは、二つの意味で同一である、二種類の量〔たとえばおはじきの列二つ〕を見せられる。つまり、量において同一、かつ見た目でもまったく同一のものを見せられる。両者を比較するように言われると、子どもは普通、容易に両者が同じ量であると答える。次に片方の知覚上の外見を変更する〔たとえばおはじきを、一列に並べたものと山積みにしたもの〕。量には何ら加えることも引くことも行わず、単に外見だけを変えるのである。もう一度子どもは両者を比較するように言われる。子どもが、何も加えられず引かれてもいないので、何ら変化は起こっていない、と理解していれば、両者の量は同じだ、と答えるに違いない。だがそうは答えず、一方が片方より多いと答えれば、不変性の原理は理解していないことになる、とピアジェは考えた。

結果は確かなものであった。事実、極めて一般性の高い結果がもたらされた。この実験は幾たびも繰り返され、これが未だに行われていない国は世界中でも少ないと思われるほどである。しかもそれはつねに同じ結果をもたらした。知覚上の変化が加えられた後の二度目の問いには、幼い子どもはなかなかうまく答えられなかった。年長の子どもははるかにうまく返答できた。ここからピアジェは、不変性の理解がこの年齢で発達すると結論した。四歳児には理解できないが、概して一〇歳であれば理解できるのである。

ピアジェがこの課題と可逆性という概念の間に見出した繋がりははっきりしている。液体が大きい容器から小さい容器に移されるのを見ても、子どもは、知覚される外見以外何も変化してはいないのだということを、やがて理解するようになる。というのも、子どもは同時に頭のなかで逆の変化を考え出すことができるからだ、というのがピアジェの考えであった。子どもは知覚される変化を帳消しにして、量的なものは実際何も変わっていない、と認識できる。この分析は、私には納得できるものとは思えない。無関係の変化のみならず、関係性のある変化についてさえ、当てはまってしまう場合が想定できるからだ。つまり、同じ論理に沿えば、おはじきの一列におはじきが加えられるのを目にしても、もとからあったおはじきの数だけを想像できる場合、おはじきの数を増やしたところで最初の列の量自体は変わっていない、という誤った結論に達してしまうからである。反対の変化が想像できるということだけでは、不変性の理解を確実なものとはできない。

とはいえ、可逆性に関する概念は強力なものとなった。その他の様々な課題実験が生み出されていったからである。一つは包摂課題である。これは、子どもの、集合分けを論理的に行う能力を検査するものである。インヘルダーとピアジェ（一九六四）は、子どもが大きな集合（花）を、二つないしそれ以上の部分集合（バラ、スイセン）に分けることができるかどうか、そしてさらに、部分集合を合わせて大きな集合が作れることを認識できるかどうかを知ろうとした。この課題でピアジェは、子どもたちにまず包摂集合、たとえば七輪のバラと三輪のスイセンを見せる。そして、バラのほうが花よりも多いか、それとも花のほうがバラよりも多いか、と尋ねる。幼い子どもたちは誤ってバラのほうが花よりも多い、と答える。ここからピアジェは次のような結論を導き出した——花をバラとスイセンに分けてしまうと、幼い子どもたちには、この分類を帳消しにすると同時に（ここでもまた同時性は重要である）二つの部分集合を花という大きな一つの集合として考えることはできないのだ。

また可逆性、あるいはむしろその欠如は、前述の過渡的推論の問題における子どもの失敗と同様に、子どもに大きさの異なる一組の棒を小さい順または大きい順に並べさせるという、連続性の問題における失敗を説明するものでもある。ピアジェによると、幼い子どもは、一組が他の組より少ないとか多いということは完璧に理解できる。だが、一つの量が別の量よりも少なく、同時に別の量よりは多い、ということは理解できない。ある一つの数量が、二つの異なる数量に対し、同時に反対の関係にあると理解することは、内的逆転関係を処理できない子どもには不可能なのである。

ピアジェの可逆性に対する関心が、なぜ彼を、部分と全体の関係についての理解の研究、さらに比例の理解の研究に向かわせたのかは容易に納得がいく（ピアジェとインヘルダー、一九七五）。たとえば、十字の印のあるおはじきとないおはじきの混じりあった一組が用意されているとしよう。いくつのおはじきに十字の印があるかは考えることができる。そして、全体に対する十字の印があるものの比率は、同時に全体の数を考えることができれば理解できる。だがピアジェによると、「不可逆性」の子どもにはこれができない。十字の印があるものとないものという、二つの組に分けることはできないし、一方の組の全体に対する関係を同時に考えることもできない。これは、幼い子どもに関するかぎり、全体が二つないしそれ以上の部分集合に分けられてしまうと、全体とは極めて理解しがたいものになってしまうからである。ここからピアジェは、幼い子どもが比例の判断をまったく下せないことを明確に示す一連の課題実験を考え出した。

事の次第は（不完全ではあっても）明らかである。ピアジェが我々の注意を向けさせようとしたのは、一見単純にして明解な問題にあたる時に子どもたちが出会う、時には驚くべき困難であり、これらの課題において、成長とともに子どもの行う作業に起こってくる、多大な変化である。少なくとも、いくつかの最も重要な課題においては、子どもの知的作業にはっきりとした変化が見られるのである。

これらの主張が重要であることはほとんど説明を要さない。恒久不変性に対する理解力の発達をめぐるピアジェの概念が正しいならば、幼い子どもが数や科学を理解できる可能性はない。一列に並べた五個のおはじきを束ねてしまうと、その数も変わってしまうと考える子どもは、たとえ数を数えることには習熟していても、数の意味を理解してはいない。同様に、過渡性・推移性なるものを理解していない子どもには、測量の原理を把握できるはずがない。したがって、論理的な分類法を形作れない子どもは、生物学であろうと歴史であろうと地理学であろうと、途方に暮れてしまうのである。だが後に見るように、これらの主張の一切が、論争に晒されることになる。

残念ながら、ピアジェの発達理論の概要についてあまり多くのことを語る時間はなさそうだ。彼の発達理論のうち、第三の時期に生み出されたものもまた、非常に興味深いものであり、おおまかに言って思春期に相当するものであるから、これを扱えないのはまことに遺憾である。だがそのかわりに、発達理論の第二の面に目を向けることにしよう。すなわち原因という側面である。すでに言及したように、彼の中心的な概念では、子どもは知的発達を自らの力で達成する。しかも自らの日常的な経験に基づいて、そうするのであった。だが理論のほうは、これよりさらに特異なものである。

発達の原因をめぐるピアジェの考え方には、中心に均衡化という概念がある（ピアジェ、一九七三）。ピアジェにとって、認知行動における主要な動機づけは、首尾一貫性である。子どもは、自らの知的戦略が、日常生活で出会う出来事に対して、一定不変で首尾一貫した説明を与えてくれるものであるかぎり、その知的戦略に満足を覚える。だが子どもは必然的に、自らの見解が矛盾・葛藤を来たしていると発見するに至る経験に、引き入れられる。同じ一つの事柄に関して、矛盾しあう二つの見解に出会い、行き詰まってしまう。たとえば、太い容器と細い容器に入った液体の量を比較して、子どもは、液体の表面積が広いために太い容器のほうに多く入っていると考え、だが同時に、液体の水位が高いために細い容器のほうが多く入っていると考える。いずれの判断も正しくないことは明らかである。そのためこの種の矛盾・葛藤は、知的システムの何かが間違っている、という強力な信号となる。これが主体を不愉快な状態に導くことになる。ピアジェはこれを不均衡と呼んだ。子どもはこの状態から逃れたいという衝動に駆られ、自らの知的戦略を変更することによってそうする。このような出来事に対し、首尾一貫した方法で自らに説明することが可能であるような、新たな知的戦略を考え出すのである。こうしたことが起これば、均衡は回復される。少なくとも、今一度別な葛藤が生まれてくるような他の経験に導かれるまでは、そうである。かくして、この過程一切が繰り返されることになる。以上の概念が段階説に繋がる理由は明らかであろう。子どもが均衡状態にある間は、子どもは同じ段階に留まる。不均衡の状態に投げ入れられて、子どもは次の段階に進む、というわけである。

この原因論で驚くべき点は、これを実証する証拠がほとんどないということである。私の知るかぎり、ピアジェ自身いかなる証拠も提示しなかった。インヘルダーら（一九七四）彼の共同研究者たちは、子どもが、起こると期待したことと実際に起こることとの間に葛藤が生じるという媒介実験によって、何らかの手助けを得るということは明示してくれた。だがこれは葛藤としては弱いものであり、概してピアジェが語っていたものとは違う。彼の興味は、同じ一つの出来事に関して互いに相容れないことを子どもが考える時、何が起こるか、ということであって、子ども自身が誤った予測をたてたことに気づく、ということではなかった。

だが問題はこれだけではない。もう一つの問題は、この原因論のメカニズムがどのように作用するものであるかが見極めにくい、ということである（ブライアント、一九九〇）。葛藤とは確かに、何かが間違っているという信号である。つまり、知的システムが適切に機能していないということである。したがって葛藤は、子どもに対して、何か問題があるのだということは告げてくれる。だがその解決方法は教えてくれない。同じ一つのことに関して互いに反目しあうことを考えているのだ、と発見することは、それまでの考え方のいずれかないし両方が、誤っているのだ、と知ることである。だがこれは、何が正しいかは教えてくれないし、間違っているのがどちらかの考え方であるのか、それとも両方間違っているのかさえ教えてくれない。ピアジェの言う葛藤は危険信号であって、それ以上の何ものでもない。

これまでのところでは、私はピアジェの研究を全体的に彼自身の視点から記述してきた。だがこれほどまでに急進的で驚くべき主張を行う理論であれば、論争を呼ぶことは必然である。ピアジェのなした貢献は、それを取り巻く論争に立ち入らないことには、その重要性を評価することもまた不可能である。

私が最初に、発達心理学には三つのアプローチがあると語ったことは覚えておられるだろう。第一のアプローチは、生得の知的機構にかなりの重きを置く。第二のものは、子どもが文化のなかに導き入れられることを強調する。そして第三の、ピアジェのアプローチは、子どもに内在する知的メカニズムの本質的な発展を主張する。ピアジェの研究に関しては、第一、第二いずれの立場からも批判がある。だがそれぞれの批判は異なったものである。子どもの生得的な素質の重要性を言う人々はおもに、ピアジェの主張があまりに悲観的であると言い、彼の実に衝撃的な結論の多くが、偽陰性であると言う。つまり、子どもの側の誤りは、真の誤りではない、と言う。一方、子どもが文化のなかに導き入れられることの重要性を言う人々は、ピアジェは単に、自らの図式から、一連の文化的な経験という非常に重要なものを抜き去ったのだ、と主張する。

上記二つの主張のうち、まずは偽陰性に関する最初のものを考えてみたい。第一に実験方法という点である。ピアジェの実験は確かに創意工夫に富んだものではあったが、その方法についてピアジェが鷹揚だったことは疑いを容れない。私もとりわけこれについては、ジュネーヴ大学で研究している時代に気がついた。彼らは当時、これから行おうとしている公開実験について、非常に優れた議論の場を設けていた。それで私も可能なかぎりこのような議論の場には出向いて行った。私が気づいたのは、そこにいる研究員たちが、まずは理論的な概念と予測――大概は、子どもが難しいと思う課題は何だろうかという予測――から始める、ということである。彼らが選んだ課題はつねに巧妙かつ的を射たもので、彼らの仮説が正しければ、幼い子どもはその課題に必ずや困難を見出す、といったものであった。だが問題は、それがいつもそうであった、ということだ。彼らがそれ以上先に進むことは決してなかった。つまり彼らは、予測された結果に対して、それ以外に可能な説明を考えることは決してなかったし、それ以外の説明を確実に排除するための統制を樹立するには、次にどのような段階を踏むべきかも、考えることはなかったのである。実際、「統制」（コントロール）という言葉は彼らの語彙にはなかったように思われる。その結果、彼らの実験はつねに単一の条件しか見ないものとなり、そのような実験が必然的にもたらすあらゆる問題に、責め苛まれることになった。

以上は問題点の概括である。では実際にどのような事情であったかを見てみよう。ピアジェの際立った実験結果には、他にどのような説明が代わり得るのだろうか？　まず赤子の作業とその一見単純な観察から、始めることができる。赤子にとって魅力的な物体が視覚から消えてしまうと、赤子は興味を失うように見える。赤子は、物体がクッションの下に置かれることで消し去られてしまったと考えるのだ、というピアジェの説明には、ある別の説明が可能である。赤子はいまだそれがクッションの下にあるのだとは理解している。だがそれをどうしてよいのか分らないのだ、という説明である。覆いの下に置かれた物体を手に入れるには、覆いを剝がせばよいのだ、ということを理解していないのである。

この一見袋小路に見えるものは、どうすれば避けられるだろうか？　一つの方法としては、赤子の反応に対し別の――そしておそらくはもっと基本的な――方法を採用することである。これには多くの歳月を要した。だが最初にトム・バウアー（一九七一、一九八二）が、そして次にはルネ・ベラルジャン（ベラルジャン他、一九八五。ベラルジャン、一九八六、一九八七）が、驚きを測定することを考えついた。赤子たちは、驚くとはっきりとした心拍数の変化を示した。赤子たちはまた、まったく予測可能な出来事に直面した時よりも、かなり長い間、事態を見つめ続けている。バウアーは（一九七一）、物体の前に衝立を置き、間もなくこれをどけた。衝立の背後には、二回に一度は物体を置き、二回に一度は物体を取り除く。バウアーの報告によると、心拍数の変化に基づけば、赤子は物体が存在する時よりも、存在しない時のほうが驚く。バウアーの論じるところは反論の余地がないように思われる。すなわち、赤子は物体がいまだそこにあることを期待しており、それがなかった時に、驚くのである。

ベラルジャンらは（一九八五）、子どもたちに積み木を一つ見せ、それが完全に隠れるように、その積み木の前で可動橋のような仕掛けの衝立を立てる。次に、積み木のほうに衝立を倒す。今見えない積み木が衝立をじゃましているので、通常衝立はしかるべき所で止まる。だが時には（単純な魔法のような仕掛けで）衝立を一八〇度寝かせ、テーブルと水平にしてしまう。一個の積み木で占められていたはずの空間に、衝立がやってくるのである。これは驚くべき出来事だ。事実、生後四カ月の赤子にとっては、驚くべき出来事であった。彼らは、可能な出来事よりも、不可能な出来事のほうを、長時間眺めていた。

以上の結果に対しては、私が提示した説明以外、他のいかなる説明も考えることができない。それはピアジェの考えつかなかった、それゆえ排除することのなかった説明である。非常に月齢の低い赤子も、隠された物体が存在し続けていることは理解しているらしい。彼らはただ、それをどうしてよいか分らないのである。

AB実験は、統制が軽んじられていることのもう一つの例を示してくれる。ピアジェおよび他の多くの人々は、エラーは隠しゲームにおいて起こるのだから、物体の永続性に関わりがあるに違いない、と仮定した。だがジョージ・バターワースは（一九七七）、二種類の課題による実験を繰り返すという、優れた思いつきを得た。一方では、ピアジェの実験でのように、物体は隠されている。まず最初に物体を不透明な箱に隠し、次に別の不透明な箱に隠す。だがもう一種類の課題では、物体はつねに見える状態に置かれる。まったく透明な箱に入れ（最初はAの箱、次にBの箱という具合に）、赤子が決して見失わないようにする。だがバターワースが観察したのは、驚いたことに、透明な箱であっても不透明な箱の場合とまったく同じようにエラーが頻発する、という事態であった。エラーが起こるには物体が隠されている必要はないのである。多くの点で、この最後の実験結果はエラーをより一層興味深いものにする。一層奇妙なエラーに思われるからである。なぜ赤子は、物体が明らかに別なところに見えるというのに、同じ一つの場所を探そうとするのだろうか？

以上の結果が、物体の永続性というピアジェの概念を、大いに疑わしいものにすることは確かである。だがここで、それまでの論争が生産的なものであったことには注意しておこう。たとえピアジェの主張が誤っていたとしても、彼の概念が導き出した研究は、ある興味深い結果、一層驚くべき結果を生み出したのだ。このことは、それ自体で注目に値する貢献である。

年長の子どもを扱ったピアジェの研究をめぐる論争は、さらに熾烈なものであった。だが私の印象では、年長の子どもに関するピアジェの多くの概念は、むしろ、幼い子どもに関する概念以上に生き延びるように思われる。だが様々な実験技術はそれぞれ別個に取り上げる必要がある。いずれについても、語ろうとすれば別個の話になってしまうからだ。ここでは、保存性と過渡性の問題を集中的に扱うことにしたい。

保存性の実験に対する主たる反論は、ドナルドソン（一九七八、一九八二）、ローズとブランク（一九七四）、ライトら（一九七九）によって唱えられた意見である。彼らは、伝統的な形式での実験は、子どもが実験者と子どもの間の多大な誤解に基づいている、と指摘する。彼らの論じるところでは、子どもは一切大人の実験者の目的が何であるかに当惑し、向けられた質問に正しい答えを出そうと必死になる。実験者は、実験の最初の段階では容易な問いを出し、次に知覚的な変化を起こさせ、それからもう一度同じ問いを発する。子どものほうは、実験者が変化を起こし、この変化が起こる以前と同じ質問を即座に出したのだから、自分は新しい答えを出さなければならないのだ、と推測する。ドナルドソンによれば、幼い子どもは、「このひとが変化を加えたのなら、私も自分の答えを変化させなければならない」と推測するのである。

この意見は、どうすれば立証できるだろうか？　マックガリグルとドナルドソン（一九七四）による実験は、非常によく知られた試みである。彼らは二つの状況を比較した。一つは標準的な保存性実験の手順である。実験者自身が最後まで実験を執り行う。二つの質問をし、非常に生真面目に変化を起こさせる。偶然の状況と呼ばれるもう一方の状況では、保存性実験の手順は異なる。変化は、暴れ回るクマの縫いぐるみによってひき起こされる。まず、実験者が最初の質問をする。次に、子どもに非常に活発なクマの縫いぐるみを紹介し、このクマがあたりをうろつき回る。そしてあたかも偶然によるかのように、並んだものの一つの外見を変化させる。それからクマの縫いぐるみを取り去り、大人は子どもに、並んでいるものをもう一度比較させる。

結果は驚くべきものであった。子どもは、標準的な課題実験の時よりも、偶然の状況においてはるかに多くの正解を出した。ここで実験者たちは次のように論じた——子どもは不変の原理を理解しており、知覚上の変化が実験者とは何ら関係がないと思われる偶然の状況では、その原理を利用できる。この論にしたがえば、標準的な状況下で行われる実験では、子どもの不変性に対する理解を過小評価してしまうことは明らかである。

このような結果およびこれに類似した結果は、実に多大な影響力をもった。ピアジェの概念は時代遅れだという考えが流布したのも、もっぱらこのことによっている。だが現在では、マックガリグルとドナルドソンの実験も、やはり誤解を招くものであることが分っている。可能な批判の一つとして、偶然の状況下では、子どもはクマの縫いぐるみによって極めて偶然にもたされた知覚上の変化に、気づくことすらないかもしれない、ということが挙げられる。というのも、子どもはその他のおどけたしぐさに気を取られていたかもしれないからだ。現在この可能性を支持する証拠が上がっている。ムーアとフライ(一九八六)は、マックガリグルとドナルドソンの課題実験を繰り返したが、彼らはまた、大人とクマの縫いぐるみがそれぞれ、列の一つにおはじきを一つ付け加える、という課題実験も行った。大人がおはじきを加えた時に比べて、クマの縫いぐるみがおはじきを加えた時は、子どもは（誤って）おはじきの数に変化はない、と言いがちであった。つまり、クマの縫いぐるみの主要な効果は、子どもの注意を、変化——それが単に知覚上の変化であろうと、実際の数の変化であろうと——から背けてしまうことだったのだ。

ピアジェの保存性に関する説は結局のところ正しかったのだ、という見方は、ミラー（一九八二）による別の実験によって強力に支持されることとなった。ミラーは、変化を起こす段になると、実験者をその場から完全に退去させた。保存性のテストには、一見実験者とはまったく無関係に見える、自然に起こる変化を持ち込んだのである。一方の状況では昆虫を数匹、もう一方では小舟を数隻置いておく。だれも押したりはしない。ただ這い回ったり、浮かんで動き回るだけである。だが子どもには、この課題は極めて困難で、実験者がすべてを動かすという伝統的な保存性の課題実験と同じであった。二つの状況には何ら違いはない。ここではともかくも、実験者の目的に関する子どもの思索は、何ら影響をおよぼしていないように見えた。

過渡的推論の実験に関する批判には、波瀾に富んだ運命が待ち構えていた。最も強力な反対は、トム・トラバッソと私（ブライアントとトラバッソ、一九七一。ブライアント、一九七四）によって唱えられた。我々が論じたのは、子どもがこの課題に失敗するのは、論理的な推論によるのではなく、単に彼らが前提を覚えられないからである、ということだ。我々は、子どもがこれらの前提を無理なく覚えられるような課題を導入した。そこで分ったのは、この状況下では、四歳児ですら過渡的推論を正確にやってのけるということ、そしてまた、彼らが冒す二、三の誤りは、その原因が容易にいくつかの記憶違いに帰せられた、ということである。

だが、この結論が論争の余地を多く残している点は、私も認めている。それに、子どもが諸前提を覚えているかどうかを確かめるために取られる予防措置は、推論の方法を子どもに教えてしまうというまったく予期せぬ効果を持つかもしれない、と論じるひとも多い（パーナーとマンズブリッジ、一九八三）。問題は未だ解決してはいない。そして私も、以前一度は主張した点を、今一度撤回しなければならない。つまり、就学年齢に達した子どもに関するピアジェの中心的な説の一つは、間違いであることが証明されたわけではない。もっとも、我々（ピアーズとブライアント、一九九〇）の最近の研究のいくつかは、たとえ記憶容量が大きくなくても、つまりは記憶のトレーニングができていなくても、四歳児は空間的な位置に関しては過渡的推論ができる、ということを明示しているように思われる。

ピアジェの理論に別の観点から向けられた批判、たとえば、知能の発達は徐々に文化の内部に導き入れられることによって成立する、という立場からの批判は、あまり詳細に立ち入ったものではない。この批判のほとんどは、彼の手抜かりに関するものである。ピアジェは可能なかぎり論理を扱おうとした。そのため文化的に創案・発明されたものに関して語る場合、ピアジェがもっぱら論じたのは、子どもの論理的な失敗がしばしばその文化的創案物の機能に関する理解を妨げているという点だった。良い例として、度量法に関するピアジェのアプローチが挙げられるだろう。彼は、センチメートルやキログラムといった規準単位とは無関係に実験を行った。そして、子どものそういったものに対する理解を研究することは時間の無駄である、と断言したのである。論理にこそこだわらなければならなかった。そしてこの場合、過渡的推論の論理にこだわらなければならなかった。ピアジェは、ここにこそ重大な発達があると考えた。数に関しても、彼は素朴なことに数の体系を無視した。けれども数というのは、一が一〇を構成し、一〇が一〇〇を構成し、というふうに続いていく。この構造的な体系に、子どもがどのように出会うことになるのかをこそ、我々は見出さなければならないのである。

だが、ピアジェが他のだれよりも研究を行った領域で、彼が取り残したものに不満を述べるというのは、おそらくあまりにも乱暴で不作法だろう。それに、ピアジェの概念に異議を唱える一派が最も強く反論しているのは、未だどの研究者集団も満足のいく証言には達していない論点についてなのである。ここで今一度、発達の原因という問題に戻ることにしよう。ヴィゴツキー（ヴィゴツキー、一九八六。ヴィゴツキーとルーリア、一九九三）は、発達における言語活動の影響を強調した。類似した観点からは他にも、識字力（オルソン他、一九八五）や数量的思考能力（フューソン、一九八八。サックス、一九九一。ヌーンズ他、一九九三）やコンピューターの経験（パパート、一九八〇）などが、ひとの知能の発達過程を変革する、と論じる者がいる。おそらくはそうだろう。だが正直なところ、確かなことは分らない。未だ十分な調査結果を得ていないからである。以上のようなものが人間の行動に強い影響を与えるという可能性について、ピアジェは断固否定した。それらが外的なものだからである。ピアジェの考えでは、知能の変化の主たる原因は内的なものであって、子どもは自らの力でことを解決する。だがピアジェもまた、この急進的な説を唱えるには、十分な根拠を持っていなかった。そしていずれにせよ我々も、発達をめぐる論争というこの最も重要な問題については、どう語ってよいか未だ分らない状態にある。

要約しよう。ピアジェは実に偉大な発達心理学者であり、この分野における影響力で彼に勝る者はいない。彼の主要な貢献の一つは、非常に微妙で複雑な論題に対する幼い子どもの理解ついて、単純な実験を行うことが、いかに容易で有意義であるかを例証したことである。論理は発達するものであり、発達を促す機関ではなく、発達の産物なのだといった彼の理論には、論争の余地が多い。だが彼がこのような主張を行ったこと自体は正しかった。発達心理学は、彼がそうしたおかげで重要な研究分野となった。彼の理論のなかで最も大きな問題は、知能の発達の原因に関する彼の考え方である。発達を促す主要な機関として内的葛藤を考えるという彼の主張が、正しいか否かをはっきりさせることは、我々にはとてもできそうにない。我々にはまた、この主張をどうすれば的確に試すことができるかさえ分らないし、これに対する反論と比較する方法さえ分らない。ならば、ピアジェの内的葛藤をどう扱ってよいか分らない我々は、ここで偉大な詩人イェイツの言葉を思い出してもよいだろう――「他者との論争で生み出されるものは政治、自己との論争で生み出されるものは詩である」。おそらく、ピアジェが非常に多くを語った葛藤は、論理的で数学的な技能よりもむしろ、芸術的な技能に関わっていたのだ。我々にもいずれは分ることだろう。あるいは少なくとも、いずれ分るだろうと私は期待している。

## 執筆者紹介

**デレク・E・ブラックマン教授**は英国心理学協会の前会長であり、カーディフのユニヴァーシティ・カレッジの前経済・社会学部長である。また「病院の行動修正計画に関わる倫理規定のDHS特別調査委員会」の前メンバーであり、「動物実験に関わる内務省諮問委員会」にも入っていた。大学助成金協議会の心理学担当顧問であったし、『英国心理学ジャーナル』の編集長でもあった（一九八三—九）。現在は国際バカロレア機関の主任試験官である。現代行動学、精神薬理学、心理学と法律の関わり、動物愛護と法律の関わりを網羅した七冊の書を著し、あるいは編集した。現在はカーディフにあるユニヴァーシティ・オブ・ウェールズ・カレッジの心理学科の教授である。

**ピーター・E・ブライアント教授**は、ケンブリッジ大学で学士号を、ロンドン大学の精神医学研究所で博士号をとった。一九六四年、ジュネーブ大学の教育学研究所のピアジェ担当部局で研究に従事し、一九六七年、オックスフォード大学実験心理学科の講師の地位を得た。一九八〇年以降、同大学同学科のワッツ博士記念心理学教授となっている。（著者、共著者、編集者として著した）彼の書の中には、『幼児における知覚と理解』、『ピアジェ、その問題点と実験』、『読みと綴りにおける韻と理性』、『子供の読みの問題』がある。

**デレク・W・フォレスト教授**は、一九六七年から一九九三年に退職するまで、ダブリンのトリニティ・カレッジ心理学教授の地位にあった。一九六二年、トリニティ・カレッジの心理学科設立のためにアイルランドに移ったが、その前はファーンバラで応用心理学の研究に従事し、またロンドン大学のベッドフォード・カレッジで教鞭を執っていた。心理学の諸雑誌に約四〇編の論文を載せているが、彼の主な研究結果は伝記『フランシス・ゴルトン、ヴィクトリア朝時代の天才の生活と業績』である。催眠学の発達史を最近完成させ、シャルコーの伝記の執筆に取りかかった。現在ダブリンのトリニティ・カレッジの名誉特別研究員である。

**ロバート・A・ハインド**は、一九四一年から一九四五年まで沿岸防衛隊（英国）に水先案内人として勤務した。その後ケンブリッジのセイント・ジョン・カレッジで動物学を専攻し、オックスフォードのバリオール・カレッジで哲学博士号をとった。またこのカレッジでは、ニコ・ティンバーゲンに大きな影響を受けた。その後W・H・ソープを援助して、ケンブリッジのマディングレー動物行動学科を設立した。続いて王立協会の研究教授、およびマディングレーの医学研究名誉部会長に任命された。セイント・ジョン・カレッジでは、フェロー、スチュワード、チューターを経験し、現在ではマスターである。大英帝国爵位三等勲爵士、王立協会の特別会員、米国芸術・科学院の外国人名誉会員、国連科学院の外国人名誉院友、である。またダブリンのトリニティ・カレッジ、およびオックスフォードのバリオール・カレッジの名誉特別研究員である。またブリュッセル・パリ（ナンテール）・スターリング・イェーテボリの各自由大学から名誉博士号を与えられた。

**ジェローム・L・シンガー教授**は、ペンシルベニア大学より臨床心理学の博士号を与えられた。彼はアメリカ心理学会・アメリカ科学振興協会・ニューヨーク科学院の各特別研究員、東部心理学会前会長、アメリカ心理学会の性格心理学・社会心理学部会の前部会長、アメリカ心象研究会前会長、アメリカ心理学会の科学部会長である。彼はこれまでに一五冊以上の書を著し、編集している。その中には『白昼夢の内的世界、意識の流れ』、『テレビジョン、想像と攻撃』、『見せかけの家、子供の遊びと発展する想像力』、『人間の個性』、『抑圧と解離』がある。現在『想像、認知、個性』の編集長であり、またカリフォルニア大学付属ラングリー・ポーター精神医学研究所の「意識・無意識の心理過程、公開実験施設」の主任コンサルタントでもある。イエール大学の心理学担当の教授であり、イエール大学の家庭用テレビ研究・相談センターの共同責任者(ドロシー・G・シンガーとともに)である。

**アンソニー・ストー博士**は、ウィンチェスター病院、ケンブリッジのクライスツ・カレッジ病院、ウェストミンスター病院で教育を受けた。一九四四年に医師の資格を取り、その後精神医学の専門家となった。一九七四年から一九八四年に退職するまで、オックスフォードのウォーンフォード病院の精神療法のコンサルタントとなり、主に教育に従事した。彼の著書の中には、『人格の統一』、『人間の破壊性』、『ユング』、『創造のダイナミックス』、『精神療法の技術』、『孤独』、『フロイト』、『チャーチルの憂鬱症』、『音楽と精神』がある。彼はオックスフォードのグリーン・カレッジの名誉特別研究員であり、王立医学大学、王立精神医学大学、王立文学協会の特別研究員である。

# 訳者あとがき

本書はRay Fuller (ed.), *Seven Pioneers of Psychology : Behaviour and Mind* (1995) の全訳である。本書の序文にも書いてあるように、ダブリンのトリニティ・カレッジの開学四百周年記念行事の一環として、六人の著名な心理学者がそれぞれ、心理学の発展に貢献してきた偉人たちの業績について講演を行い、それを基に著したのが本書である。

編者のレイ・フラー博士は、現在ダブリンのトリニティ・カレッジの心理学科のシニア・レクチャラーである。一九八八年から一九九四年まで学科長を務めた。交通に関わる人間の行動心理を主な研究対象とし、航空機や自動車の運転における安全対策を心理学の観点から探求している。またそれについてのマルチメディアを用いた教育・訓練プログラムの開発についての研究にも従事している。

各章の内容については序文に要約されてあるが、今一度振り返って訳者なりにまとめてみよう。デレク・W・フォレストの「ゴルトン論」は、科学の多分野にわたるゴルトンの才能の開花の様相を述べたものであるが、その才能が勢い余って、今日の我々から見れば非科学的な考え方をとることがあることをも、ユーモアを交えて述べている。またゴルトンの心理学への貢献は人間の個性の研究であり、それを数値化したことに意義があることを述べている。ジェローム・シンガーの「W・ジェイムズ論」は直接ジェイムズを扱ったものではなく、彼の思想の四領域——思考の流れ、自己への意識、想像、感情について、筆者が関わった最近の実験の結果の内容と解説である。そしてそれが、ジョイスの著作『ユリシーズ』の冒頭箇所におけるスティーヴン・ディーダラスの意識の内容と適合することを示している。異色の論文で興味深いが、ジェイムズ自身に対するシンガーの考え方も知りたいところである。アンソニー・ストーの「フロイト論」は、一種のフロイト批判である。フロイトの理論が完全に客観的なものではなく、彼の性格が反映したところもあることを指摘し、また今日から見れば極めて理に合わない箇所が多分にあることを表している。「ローレンツ論」と「ティンバーゲン論」は二人の動物行動学を扱っている。幼い頃から自宅の庭を一種の動物園に仕立てたローレンツは、「触発」や「刷り込み」といった概念を生み出し、後には人間の行動も研究の対象としてゆく。後年の著作では、同じ種に属するもの同士の闘い、人間を含んだ動物たちの「攻撃性」を論じている。一方ティンバーゲンは、ローレンツとは対照的に、野生の条件下で研究を進めた。一年以上をグリーンランドのイヌイトとともに過ごし狩猟生活を送るなど、やはりフィールドへのこだわりが見て取れる。「スキナー論」はいささか特異な語り口となっている。スキナーが今日どれほど批判の対象となっているかが、これを擁護しようとする「弟子」の語りによってかえって浮き彫りにされる。「ピアジェ論」は、人間の知の本質と起源に関わる概念、「発生的認識論」の生みの親を考察している。子どもの知の発達に注目した彼の研究が、やがて哲学や言語学にまで波紋を広げたことは、ここで繰り返すまでもない。彼が「発達心理学」の分野に提示した諸問題——なかでも知の発達の原因として掲げられる「内的葛藤」の概念は、今日でも多くの議論を呼んでいる。

本書の訳出に当たっては、「ジェイムズ論」のなかで集英社版『ユリシーズ』(丸谷、永川、高松訳)の訳を使わせていただいた。また訳出作業は、前半の「ゴルトン論」、「ジェイムズ論」、「フロイト論」を大島、後半の「ティンバーゲン論・ローレンツ論」、「スキナー論」、「ピアジェ論」を吉川が担当した。用語、表記法はできるだけ統一を図ったが、各自の訳出する上での個性を尊重して、極端な文体の統一は図らなかった。また心理学という本書の専門性ゆえに、訳者の力量の及ばなかった点は多々あるかと思われる。読者の方々の御教示を頂ければ幸いである。

本書の出版に当たっては、法政大学出版局の藤田信行氏、この書の翻訳の話をお持ちくださった東京都立大学の伊藤誓氏、貴重な知識と助言を与えてくださった東京商船大学の高木直之氏、清書等に協力してくださった法政大学大学院生の妻鹿祐子氏に感謝の念を表すものである。

二〇〇二年二月

大島由紀夫
吉川　信

# 索　引

## ア　行



## カ　行

## サ　行

## タ　行



## ナ　行

## ハ　行

## マ　行

## ヤ　行



## ラ　行

# 参 考 文 献

## 第一章


Cattell, J. Mck. (1890) 'Mental tests and measurements', *Mind* 15 : 373-81.

—— (1950) quoted by E.G. Boring, *A History of Experimental Psychology,* New York : Appleton-Century-Crofts.

Forrest, D.W. (1974) *Francis Galton : The Life and Work of a Victorian Genius*, London : Elek.

—— (1977) 'The first experiments on word association', *Bulletin of the British Psychological Society* 30 : 40-2.

—— (1986) 'The anthropometric laboratory of Ireland', *American Psychologist* 41 : 1384-5.

Galton, F. (1853) *Tropical South Africa,* London : Murray.

—— (1865) 'Hereditary talent and character', *Macmillan's Magazine* 12 : 326.

—— (1869) *Hereditary Genius,* London : Macmillan.

—— (1872) *The Art of Travel*, 5th edition, London : Murray.

—— (1876) 'The history of twins, as a criterion of the relative powers of nature and nurture', *Journal of the Anthropological Institute* 5 : 391-406.

—— (1879) 'Psychometric experiments', *Brain* 2 : 149-62.

—— (1880) 'Statistics of mental imagery', *Mind* 5 : 301-18.

—— (1883) *Inquiries into Human Faculty and Its Development,* London : Macmillan.

—— (1884) 'On the anthropometric laboratory at the late International Health Exhibition', *Journal of the Anthropological Institute* 14 : 205-21.

—— (1888) 'Co-relations and their measurement, chiefly from anthropometric data', *Proceedings of the Royal Society* 45 : 135-45.

—— (1892) *Finger Prints,* London : Macmillan.

—— (1898) 'A diagram of heredity', *Nature* 57 : 293.

—— (1908) *Memories of My Life,* London : Methuen.

—— (1909) *Essays in Eugenics,* London : Eugenics Education Society.

Gay. P. (1988) *Freud : A Life for our Time.* London : Dent.


## 第二章


Antrobus, J.S., Coleman, R. and Singer, J.L. (1967) 'Signal detection performance by subjects differing in predisposition to daydreaming', *Journal*

*of Consulting Psychology* 31 : 487-91.
Antrobus, J.S., Singer, J.L. and Greenberg S. (1966) 'Studies in the stream of consciousness : experimental enhancement and suppression of spontaneous cognitive processes', *Perceptual and Motor Skills* 23 : 399-417.
Avants, S.K., Singer, J.L. and Margolin, A. (1993) 'Self-representations and negative affect in cocaine-dependent individuals', *Imagination, Cognition and Personality* 13 : 3-24.
Csikszentmihalyi, M. and Larson, R. (1984) *Being Adolescent,* New York : Basic Books.
Giambra, L.M. (1977a) 'Adult male daydreaming across the life span : a replication, further analyses, and tentative norms based upon retrospective reports', *International Journal of Aging and Human* ⌟ *Development* 8 : 197-228.
—— (1977b) 'Daydreaming about the past : the time setting of spontaneous thought intrusions', *The Gerontologist* 17(a) : 35-8.
Hart, D., Feld, N., Garfinkle, J., Singer, J.L. and Anderson, K. (in preparation) 'Representations of self and other : relations to personality, mood and emotions'.
Higgins, E.T. (1987) 'Self-discrepancy : a theory relating self and affect', *Review* 94 : 319-40.
Hilgard, E. (1987) *Psychology in America,* San Diego, CA : Harcourt Brace Jovanovich.
Hurlburt, R.T. (1990) *Sampling Normal and Schizophrenic Inner Experience,* New York : Plenum.
James, W. (1952) *The Principles of Psychology,* 2 vols., New York : Dover. (Original work published 1890.)
Johnson, M.K. (1990) 'Functional forms of human memory', in J.L. McGaugh, N.M. Winberger and G. Lynch (eds) *Brain Organization and Memory : Cells, Systems, and Circuits,* New York : Oxford University Press.
Johnson, M.K. and Multhaup, K. (1992) 'Emotion and MEM', in S.A. Christianson (ed.) *Handbook of Emotion and Memory,* Hillsdale, NJ : Erlbaum.
Joyce, J. (1934) *Ulysses,* New York : Random House.
Klinger, E. (1990) *Daydreaming.* Los Angeles : Tarcher.
Klos, D.S. and Singer, J.L. (1981) 'Determinants of the adolescent's ongoing thought following simulated parental confrontations', *Journal of Personality and Social Psychology* 41 : 975-87.

Kreitler, H. and Kreitler, S. (1976) *Cognitive Orientation and Behavior,* New York : Springer-Verlag.

McAdams, D. and Constantian, C.A. (1983) 'Intimacy and affiliation motives in daily living : an experience sampling analysis', *Journal of Personal and Social Psychology* 4 : 851-61.

MacLeod, R. (ed.) (1969) *William James : Unfinished Business,* Washington, DC : American Psychological Association.

Mandler, G. (1984) *Mind and Body,* New York : Norton.

Markus, H. and Nurius, P. (1986) 'Possible selves', *American Psychologist* 41 : 954-69.

Myers, G. E. (1986) *William James : His Life and Thought,* New Haven, CT : Yale University Press.

Natsoulas, T. (1987) 'Gibson, James and the temporal continuity of experience', *Imagination, Cognition and Personality* 7 : 351-76.

—— (1988) 'Understanding William James's conception of consciousness with the help of Gerald E. Myers', *Imagination, Cognition and Personality* 8 : 323-44.

—— (1992) 'The stream of consciousness : William James's pulses', *Imagination, Cognition and Personality* 12 : 3-22.

Pope, K.S. (1978) 'How gender, solitude and posture influence the stream of consciousness', in K.S. Pope and J.L. Singer (eds) *The Stream of Consciousness,* New York : Plenum.

Pope, K.S. and Singer, J.L. (1978) 'Regulation of the stream of consciousness : toward a theory of ongoing thought', in G.E. Schwartz and D. Shapiro (eds) *Consciousness and Self-regulation. Vol.2*, New York : Plenum.

Singer, J.L. (1966) *Daydreaming,* New York : Random House.

—— (1974) *Imagery and Daydream Methods in Psychotherapy and Behavior Modification,* New York : Academic Press.

—— (1975) 'Navigating the stream of consciousness : research in daydreaming and related inner experience', *American Psychologist* 30 : 727-38.

—— (1984) *The Human Personality,* New York and San Diego : Harcourt Brace Jovanovich.

—— (1988a) 'Psychoanalytic theory in the context of contemporary psychology', *Psychoanalytic Psychology* 5 : 95-125.

—— (1988b) 'Sampling ongoing consciousness and emotional experience : implications for health', in M.J. Horowitz (ed.) *Psychodynamics and*

*Cognition,* Chicago : University of Chicago Press.
Singer, J.L. and Antrobus, J.S. (1972) 'Daydreaming, imaginal processes, and personality : a normative study', in P. Sheehan (ed.) *The Function and Nature of Imagery,* New York : Academic Press.
Singer, J.L. and Bonanno, G.A. (1990) 'Personality : and private experience : individual variations in consciousness and in attention to subjective phenomena', in L. Pervin (ed.) *Handbook of Personality : Theory and Research,* New York : Guilford Press.
Singer, J.L. and Kolligian, J., Jr. (1987) 'Personality : developments in the study of private experience', *Annual Review of Psychology* 38 : 533-74.
Steinberg, E.R. (1973) *The Stream of Consciousness and Beyond in Ulysses,* Pittsburgh, PA : University of Pittsburgh Press.
Taylor, E. (1983) *William James on Exceptional Mental States,* New York : Scribners.
—— (1992) 'William James's contribution to experimental psychology', *History of Psychology Newsletter,* XXIV : 3-6.
Tomkins, S.S. (1962-3) *Affect, Imagery, Consciousness,* 2 vols, New York : Springer.
Zachery, R. (1983) 'Cognitive and affective determinants of ongoing thought', unpublished doctoral dissertation, Yale University.

## 第三章

Freud, S. (1953a) 'My views on the part played by sexuality in the neuroses', in J. Strachey (ed.) *The Standard Edition of the Complete Psychological Works. Vol. VII,* London : Hogarth Press. (Original work published 1906.)
—— (1953b) 'Three essays on sexuality', in J. Strachey (ed.) *The Standard Edition of the Complete Psychological Works. Vol. VII,* London : Hogarth Press. (Original work published 1905.)
—— (1953c) *The Interpretation of Dreams,* in J. Strachey (ed.) *The Standard Edition of the Complete Psychological Works. Vol.IV,* London : Hogarth Press. (Original work published 1899.)
—— (1958) *Totem and Taboo,* in J. Strachey (ed.) *The Standard Edition of the Complete Psychological Works. Vol.XIII,* London : Hogarth Press. (Original work published 1913.)
—— (1959) 'Creative writers and day-dreaming', in J. Strachey (ed.) *The Standard Edition of the Complete Psychological Works. Vol.IX,* London : Hogarth Press. (Original work published 1908.)

—— (1961a) *Civilization and Its Discontents,* in J. Strachey (ed.) *The Standard Edition of the Complete Psychological Works. Vol.XXI,* London : Hogarth Press. (Original work published 1930.)
—— (1961b) *The Future of an Illusion,* in J. Strachey (ed.) *The Standard Edition of the Complete Psychological Works. Vol.XXI,* London : Hogarth Press. (Original work published 1927.)
—— (1962) 'The aetiology of hysteria', in J. Strachey (ed.) *The Standard Edition of the Complete Psychological Works. Vol.III,* London : Hogarth Press. (Original work published 1896.)
—— (1964) 'An outline of psychoanalysis', in J. Strachey (ed.) *The Standard Edition of the Complete Psychological Works. Vol.XXIII,* London : Hogarth Press. (Original work published 1940.)
McGuire, W. (ed.) (1974) *The Freud/Jung Letters,* trans. R. Manheim and R.F.C. Hull, London : Hogarth Press and Routledge.
Maitland, J.A.F. (1911) *Brahms,* London : Methuen.
Obholzer, K. (1982) *The Wolf Man Sixty Years Later,* trans. M. Shaw, London : Routledge.
Russell, B. (1956) 'Joseph Conrad', in *Portraits from Memory,* London : Allen and Unwin.
Sulloway, F.J. (1979) *Freud, Biologist of the Mind,* New York : Basic Books.

第四章

Ardrey, R. (1967) *The Territorial Imperative,* New York : Atheneum.
Baerends, G.P. (1941) 'Fortpflanzungsverhalten und Orientierung der Grabwespe' *Ammophila campestris Jur. Tidschrift für Entomologie* 84 : 68-275.
—— (1976) 'The functional organisation of behaviour' *Animal Behaviour* 24 : 726-38.
—— (1991) 'Early ethology : growing from Dutch roots', in M.S. Dawkins, T.R. Halliday and R. Dawkins (eds) *The Tinbergen Legacy,* London : Chapman and Hall.
Baerends, G. P. and Baerends-van Roon, H.M. (1950) 'An introduction to the study of cichlid fishes', *Behaviour Supplement* 1 : 1-242.
Baerends, G. P. and Drent, R. H. (1970) 'The herring gull and its egg', *Behaviour Supplement* 17.
Barlow, G.W. (1977) 'Modal action patterns', in T.A. Sebeok (ed.) *How Animals Communicate,* Bloomington, Ind. : Indiana University Press.

Bastock, M., Morris, D. and Moynihan, M. (1953) 'Some comments on conflict and thwarting in animals', *Behaviour* 6 : 66-84.

Bateson, P. (1986) 'Functional approaches to behavioural development', in J.G. Else and P.C. Lee (eds) *Primate Ontogeny, Cognition and Social Behaviour,* Cambridge : Cambridge University Press.

—— (1987) 'Biological approaches to the study of behavioural development', *International Journal of Behavioural Development* 10 : 1-22.

—— (1990) 'Is imprinting such a special case?', *Philosophical Transactions of the Royal Society B* 329 : 125-31.

Beer, C.G. (1975) 'Was Professor Lehrman an ethologist?', *Animal Behaviour* 23 : 957-64.

Berkowitz, L. (1963) *Aggression,* New York : McGraw-Hill.

—— (1989) 'Situational influences on aggression', in J. Groebel and R.A. Hinde (eds) *Aggression and War,* Cambridge : Cambridge University Press.

Blurton Jones, N. (ed.) (1972) Ethological Studies of Child Behaviour, Cambridge : Cambridge University Press.

Bowlby, J. (1969) *Attachment and Loss. Vol.I : Attachment,* London : Hogarth Press.

Dawkins, R. and Krebs, J.R. (1978) 'Animal signals : information or manipulation?', in J.R. Krebs and N. Davies (eds) *Behavioural Ecology,* Oxford : Blackwell.

Freud, S. (1966) 'Instincts and their vicissitudes', in J. Strachey (ed.) *The Standard Edition of the Complete Psychological Works. Vol.14,* London : Hogarth Press. (Original work published 1915.)

Fullard, W. and Reiling, A.M. (1976) 'An investigation of Lorenz's babyishness', *Child Development* 7 : 1191-3.

Gardner, B.T. and Wallach, L. (1965) 'Shapes of figures identified as a baby's head', *Perceptual and Motor Skills* 20 : 135-42.

Groebel, J. and Hinde, R.A. (eds) (1989) *Aggression and War,* Cambridge : Cambridge University Press.

Heinroth, O. (1911) 'Beiträge zur Biologie, Namentlich Ethologie und Psychologie die Anatiden', *Verhandlungen 5. Internationale Ornithologische Kongress,* 589-702.

Hess, W.R. and Brügger, M. (1943) 'Das subkortikale Zentrum der affektiven Abwehrreaktion', *Helvetica Psychologica Acta,* 1 : 33-52.

Hinde, R.A. (1956) 'Ethological models and the concept of drive', *British Journal of Philosophy of Science* 6 : 321-31.

—— (1960) 'Energy models of motivation', *Symposia of the Society of Experimental Biology* 14 : 199-213.

—— (1962) 'Some aspects of the imprinting problem', *Symposia of Zoological Society of London* 8 : 129-38.

—— (1968) 'Dichotomies in the study of development', in J.M. Thoday and A.S. Parkes (eds) *Genetic and Environmental Influences on Behaviour,* Edingburgh : Oliver and Boyd.

—— (1983) 'Ethology and child development', in M.M. Haith and J. Campos (eds) *Mussen Handbook of Child Psychology. Vol.II,* New York : John Wiley.

Hinde, R.A. and Stevenson-Hinde, J. (eds) (1973) *Constraints on Learning,* London : Academic Press.

Holst, E. von Mittelstaedt, H. (1950) 'Das Reafferenzprinzip', *Naturwissenschaften* 37 : 464-76.

Horn, G. (1985) *Imprinting,* Oxford : Clarendon Press.

Huntingford, F.A. (1991) 'War and peace revisited', in M.S. Dawkins, T.R. Halliday and R. Dawkins (eds) *The Tinbergen Legacy,* London : Chapman and Hall.

Krebs, J.R. (1991) 'Animal communication : ideas derived from Tinbergen's activities', in M.S. Dawkins, T.R. Halliday and R. Dawkins (eds) *The Tinbergen Legacy,* London : Chapman and Hall.

Krebs, J.R. and Dawkins, R. (1984) 'Animal signals : mind reading and manipulation', in J.R. Krebs and N.B. Davies (eds) *Behavioural Ecology : An Evolutionary Approach,* Oxford : Blackwell.

Lehrman, D.S. (1953) 'A critique of Konrad Lorenz's theory of instinctive behaviour', *Quarterly Review of Biology* 28 : 337-63.

—— (1970) 'Semantic and conceptual issues in the nature-nurture problem', in L.R. Aronson, E. Tobach, D. Lehrman and J. Rosenblatt (eds) *The Development and Evolution of Behaviour*, San Francisco : Freeman.

Lorenz, K. (1932) 'Betrachtungen über das Erkennen der arteigenen Triebhandlungen der Vögel', *Journal für Ornithologie* 80 (1).

—— (1935) 'Der kumpan in der Umwelt des Vogels', *Journal für Ornithologie* 80 (2) : 137-213 ; 289-413.

—— (1937) 'Über die Bildung des Instinktbegriffes', *Die Naturwissenschaften* 25 (19) : 289-300 ; 307-18 ; 324-31.

—— (1941) 'Vergleichende Bewegungstudien an Anatinen', *Journal für Ornithologie* 89 : 194-294.

—— (1950a) 'The comparative method in studying innate behaviour pat-

terns', *Symposia of the Society of Experimental Biology* 4 : 221-68.
—— (1950b) 'Part and parcel in animal and human societies', translated in K. Lorenz (1971) *Studies in Animal and Human Behaviour. Vol.II,* London : Methuen.
—— (1954) 'Psychology and phylogeny', translated in K. Lorenz (1971) *Studies in Animal and Human Behaviour. Vol.II,* London : Methuen.
—— (1958) 'Methods of approach to the problems of behaviour', translated in K. Lorenz (1971) *Studies in Animal and Human Behaviour. Vol. II,* London : Methuen.
—— (1961) 'Phylogenetische Anpassung und adaptive Modifikation des Verhaltens', *Festschrift für Tierpsychologie* 18 : 139-87.
—— (1966a) *On Aggression,* London : Methuen.
—— (1966b) *Evolution and Modification of Behaviour,* London : Methuen.
—— (1970) 'The enmity between generations and its probable ethological causes', *Studium Generale* 23 : 963-97.
—— (1978) *Vergleichende Verhaltensforschung : Grundlagen der Ethologie,* Vienna : Springer-Verlag.
McDougall, W. (1923) *An Outline of Psychology,* London : Methuen.
Maynard Smith, J. (1979) 'Game theory and the evolution of behaviour', *Proceedings of the Royal Society* 205 : 474-88.
Maynard Smith, J. and Parker, G.A. (1976) 'The logic of asymmetrical contents', *Animal Behaviour* 24 : 159-75.
Morris, D. (1967) *The Naked Ape,* London : Cape.
Moynihan, M.H. (1959) 'A revision of the family Laridae (Aves)', *American Museum Novitates* 1928 : 1-42.
Oyama, S. (1985) *The Ontogeny of Information,* Cambridge : Cambridge University Press.
Rabbie, J. (1991) 'Determinants of instrumental intra-group cooperation', in R.A. Hinde and J. Groebel (eds) *Cooperation and Prosocial Behaviour,* Cambridge : Cambridge University Press.
Rawson, J. (1992) *The British Museum Book of Chinese Art,* London : British Museum Publication.
Rutter, M. (1992) 'A fresh look at maternal deprivation', in P. Bateson (ed.) *The Development and Integration of Behaviour,* Cambridge : Cambridge University Press.
Seligman, M.E.P. and Hager, J.L. (eds) (1972) *Biological Boundaries of Learning,* New York : Appleton-Century-Crofts.
Sternglanz, S.H., Gray, J.L. and Murakami, M. (1977) 'Adult preferences

for infantile facial features', *Animal Behaviour* 25 : 108-15.

Tajfel, H. (1978) Contributions in H. Tajfel (ed.) *Differentiation between Social Groups,* London : Academic Press.

Thorpe, W. H. (1961) *Bird Song,* Cambridge : Cambridge University Press.

Tinbergen, N. (1932 and 1935) 'Über die Orientierung der Bienenwolfes (*Philanthus triangulum* Fahr)', *Zeitschrift für vergleichende Physiologie* 16 : 305-35 and 21 : 699-716.

—— (1942) 'An objectivistic study of the innate behaviour of animals', *Bibliotheca Biotheoretica* 1 : 39-98.

—— (1948) 'Social releasers and the experimental method required for their study', *Wilson Bulletin* 60 : 6-51.

—— (1951) *The Study of Instinct*, Oxford : Clarendon Press.

—— (1952) 'Derived activities : their causation, biological significance, origin and emancipation during evolution', *Quarterly Review of Biology* 27 : 1-32.

—— (1963) 'On the aims of methods of ethology', *Zeitschrift für Tierpsychologie* 20 : 410-33.

—— (1968) 'On war and peace in animals and man', *Science* 160 : 1411-18.

—— (1974) 'Ethology and stress diseases', *Science* 185 : 20-7.

Tinbergen N. and Perdeck, A.C. (1950) 'On the stimulus situation releasing the begging response in the newly hatched herring gull chick (*Larus argentatus argentatus Pont*)', *Behaviour* 3 : 1-39.

Tinbergen, N. and Tinbergen, E.A. (1983) *'Autistic' Children,* London : Allen and Unwin.

Tinbergen, N., and Kruuk, H. and Paillette, M. (1962) 'Egg shell removal by the black-headed gull. *Larus r. ridibundus,* II', *Bird Study* 9 : 123-51.

Weiss, P. (1941) 'Autonomous versus reflexogenous activity of the central nervous system', *Proceedings of the American Philosophical Society* 84 : 53-64.

Whiting, B.B. and Whiting, J.W.M. (1975) *Children of Six Cultures,* Cambridge, Mass. : Harvard University Press.

Wuketits, F.M. (1990) *Konrad Lorenz : Leben und Werk eines grossen Naturforschers,* Munich : Piper.

Zahavi, A. (1975) 'Mate selection - a selection for handicap', *Journal of Theoretical Biology* 53 : 205-14.

### 第五章

American Psychological Association (1990) 'Citation for outstanding life-

time contribution to psychology: B.F. Skinner', *American Psychologist* 45: 1205.

Andresen, J. (1990) 'Skinner and Chomsky 30 years later or: the return of the repressed', *Historiographica Linguistica* 17: 145-166 (reprinted in *The Behavior Analyst* [1991] 14: 49-60)

Baer, D.M. (1976) 'The organism as host', *Human Development* 19: 87-98.

Baker, L. (1990) 'Obituary for B.F. Skinner', *Irish Psychologist* (November).

Blackman, D.E. (1980) 'Images of man in contemporary behaviourism', in A.J. Chapman and D.M. Jones (eds) *Models of Man,* Leicester and London: British Psychological Society and Macmillan.

— (1991) 'B.F. Skinner and G.H. Mead: on biological science and social science', *Journal of the Experimental Analysis of Behavior* 55: 251-65.

Capra, F. (1983) *The Turning Point: Science, Society and the Rising Culture,* London: Fontana.

Catania, A.C. (1988) 'The operant behaviorism of B.F. Skinner', in A.C. Catania and S. Harnad (eds) *The Selection of Behavior: The Operant Behaviorism of B.F. Skinner: Comments and Consequences,* Cambridge: Cambridge University Press.

Catania, A.C. and Harnad S. (eds) (1988) *The Selection of Behavior: The Operant Behaviorism of B.F. Skinner: Comments and Consequences,* Cambridge: Cambridge University Press.

Chomsky, N. (1959) 'A review of Skinner's *Verbal Behavior', Language* 35: 26-58.

Donahoe, J.W. (1988) 'Skinner: The Darwin of ontogeny?', in A.C. Catania and S. Harnad (eds) *The Selection of Behavior: The Operant Behaviorism of B.F. Skinner: Comments and Consequences,* Cambridge: Cambridge University Press.

Hineline, P.N. (1980) 'The language of behavior analysis: its community, its functions, and its limitations', *Behaviorism* 8: 67-86.

Keller, F.S. (1968) 'Goodbye, teacher...', *Journal of Applied Behavior Analysis* 1: 79-89.

Lee, V.L. (1988) *Beyond Behaviorism,* Hillsdale, NJ: Erlbaum.

MacCorquodale, K. (1969) 'B.F. Skinner's *Verbal Behavior*: a retrospective appreciation', *Journal of the Experimental Analysis of Behavior* 12: 831-41.

Mahoney, M.J. (1991) 'B.F. Skinner: a collective tribute', *Canadian Psychology* 32: 628-35.

Morris, C.W. (1962) 'George H. Mead as social psychologist and social philosopher', in *G.H. Mead : Mind, Self and Society : From the Standpoint of a Social Behaviorist,* Chicago : Chicago University Press.
Richelle, M.N. (1993) *B.F. Skinner : A Reappraisal,* Hove : Erlbaum.
Skinner, B.F. (1938) *The Behavior of Organisms : An Experimental Analysis,* New York : Appleton-Century-Crofts.
—— (1948) *Walden Two,* New York : Macmillan.
—— (1953) *Science and Human Behavior,* New York : Macmillan.
—— (1957) *Verbal Behavior*, New York : Appleton-Century-Crofts.
—— (1966) *The Technology of Teaching,* New York : Appleton-Century-Crofts.
—— (1971) *Beyond Freedom and Dignity,* New York : Alfred A. Knopf.
—— (1974) *About Behaviorism,* New York : Alfred A. Knopf.
—— (1976) *Particulars of My Life,* New York : Alfred A. Knopf.
—— (1979) *The Shaping of a Behaviorist*, New York : Alfred A. Knopf.
Sutherland, N.S. (1990) 'Fanatical guru of behaviorism (Obituary of B. F. Skinner)', *Guardian*, 21 August.

第六章

Baillargeon, R. (1986) 'Representing the existence and the location of hidden objects in 6- and 8-month-old infants', *Cognition* 23 : 21-52.
—— (1987) 'Young infants' reasoning about the physical and spatial characteristics of a hidden object', *Cognitive Development* 2 : 179-200.
Baillargeon, R., Spelke, S. and Wasserman, S. (1985) 'Object permanence in five-month-old infants', *Cognition* 20 : 191-208.
Bower, T.G.R. (1971) 'Objects in the world of the infant', *Scientific American* 225 : 30-8.
—— (1982) *Development in Infancy*, 2nd edn, New York : W.H. Freeman.
Bryant, P.E. (1974) *Perception and Understanding in Young Children,* London : Methuen.
—— (1990) 'Empirical evidence for causes in development', in G. Butterworth and P. Bryant, *Causes of Development : Interdisciplinary Perspectives,* Hemel Hempstead : Harvester Wheatsheaf.
Bryant, P.E. and Trabasso, T. (1971) 'Transitive inferences and memory in young children', *Nature* 232 : 456-8.
Butterworth, G. (1977) 'Object disappearance and error in Piaget's stage IV task', *Journal of Experimental Child Psychology* 23 : 391-501.
Donaldson, M. (1978) *Children's Minds,* London : Fontana.

—— (1982) 'Conservation: what is the question?', *British Journal of Psychology* 73: 199-207.

Fuson, K.C. (1988) *Children's Counting and Concepts of Number,* New York: Springer-Verlag.

Gelman, R. and Gallistel, C.R. (1978) *The Child's Understanding of Number*, Cambridge, Mass.: Harvard University Press.

Gold, R. (1987) *The Description of Cognitive Development: Three Piagetian Themes,* Oxford: Clarendon Press.

Inhelder, B. and Piaget, J. (1964) *The Early Growth of Logic in the Child,* London: Routledge and Kegan Paul.

Inhelder, B., Sinclair, H. and Bovet, M. (1974) *Learning and the Development of Cognition*, London: Routledge and Kegan Paul.

Johnson, M.H. and Morton, J. (1991) *Biology and Cognitive Development,* Oxford: Blackwell.

Light, P.H., Buckingham, N. and Robbins, A.H. (1979) 'The conservation task as an interactional setting', *British Journal of Educational Psychology* 49: 304-10.

McGarrigle, J. and Donaldson, M. (1974) 'Conservation accidents', *Cognition* 3: 341-50.

Miller, S. (1982) 'On the generalisability of conservation: a comparison of different types of transformation', *British Journal of Psychology* 73: 221-30.

Moore, C. and Frye, D. (1986) 'The effect of the experimenter's intention on the child's understanding of conversation', *Cognition* 22: 283-98.

Nunes, T., Schliemann, A.-L. and Carraher, D. (1993) *Street Mathematics and School Mathematics*, New York: Cambridge university Press.

Olson, D.R., Torrance, N. and Hildyard, A. (1985) *Literacy, Language and Learning,* Cambridge, Cambrudge University Press.

Papert, S. (1980) *Mindstorms: Children, Computers, and Powerful Ideas,* Brighton: Harvester Press.

Pears, R. and Bryant, P. (1990) 'Transitive inferences by young children about spatial position', *British Journal of Psychology* 81: 497-510.

Perner, J. and Mansbridge, D.G. (1983) 'Developmental differences in encoding length series', *Child Development* 54: 710-19.

Piaget, J. (1921) 'Une forme verbale de la comparaison chez l'enfant', *Archives de Psychologie* 18: 141-72.

—— (1952a) *The Child's Conception of Number,* London: Routledge and Kegan Paul.

—— (1952b) *The Origins of Intelligence,* London : Routledge and Kegan Paul.
—— (1954) *The Construction of Reality in the Child,* London : Routledge and Kegan Paul.
—— (1973) *The Child's Conception of the World,* London : Paladin.
Piaget, J. and Inhelder, B. (1963) *The Child's Conception of Space,* London : Routledge and Kegan Paul.
—— (1975) *The Origin of the Idea of Chance in Children,* London : Routledge and Kegan Paul.
Piaget, J., Inhelder, B. and Szeminska, A. (1960) *The Child's Conception of Geometry,* London : Routledge and Kegan Paul.
Rose, S. and Blank, M. (1974) 'The Potency of context in children's cognition : an illustration through conservation', *Child Development* 45 : 499-502.
Saxe, G.B. (1991) *Culture and Cognitive Development : Studies in Mathematical Understanding,* Hillsdale, NJ : Erlbaum.
Spelke, E.S., Breinlinger, K., Macomber, J. and Jacobson, K. (1992) 'Origins of knowledge', *Psychological Review* 99 : 605-32.
Starkey, P., Spelke, E.S. and Gelman, R. (1990) 'Numerical abstraction by human infants', *Cognition* 36 : 97-128.
van der Veer, R. and Valsiner, J. (1991) *Understanding Vygotsky,* Oxford : Blackwell.
Vygotsky, L.S. (1986) *Thought and Language,* Cambridge, Mass. : MIT Press.
Vygotsky, L.S. and Luria, A.R. (1993) *Studies on the History of Behavior : Ape, Primitive and Child,* Hillsdale, NJ : Erlbaum.

りぶらりあ選書
心理学の７人の開拓者
発行　2002年３月30日　　初版第１刷

編者　レイ・フラー
訳者　大島由紀夫／吉川　信
発行所　財団法人　法政大学出版局
〒102-0073 東京都千代田区九段北3-2-7
電話03(5214)5540／振替00160-6-95814
製版，印刷　三和印刷
鈴木製本所


ISBN4-588-02208-3
Printed in Japan

編者

レイ・フラー (Ray Fuller)

ダブリンのトリニティ・カレッジ心理学科のシニア・レクチャラーで，1988－94年まで同学科長をつとめた．本書は，1992年同校の開学400周年記念行事の一環として企画された．フラーは，交通に関わる人間の行動心理を主な研究対象とし，航空機や自動車の運転における安全対策を心理学の観点から探求している．またそれについてのマルチメディアを用いた教育・訓練プログラムの開発・研究にも従事し，心理学の実践面での活用を目指している．

訳者

大島由紀夫 (おおしま ゆきお)

1951年生まれる．東京教育大学大学院文学研究科修士課程修了．東京商船大学教授．訳書：P. ゲイ『フロイトを読む』，R. F. ウェイレン『シェイクスピアは誰だったか』，J. H. ミラー『読むことの倫理』(以上共訳，法政大学出版局)，T. シャンク『現代アメリカ演劇』(共訳，勁草書房)．

吉川　信 (きっかわ しん)

1960年生まれる．中央大学大学院博士課程退学．和光大学助教授．著書『読み解かれる異文化』(共著，松柏社)．訳書『ジェイムズ・ジョイス事典』(共訳，同)．

| | | |
|---|---|---|
| 魔女と魔女裁判〈集団妄想の歴史〉 | K.バッシュビッツ／川端，坂井訳 | ¥3800 |
| 科学論〈その哲学的諸問題〉 | カール・マルクス大学哲学研究集団／岩崎允胤訳 | ¥2500 |
| 先史時代の社会 | クラーク，ピゴット／田辺，梅原訳 | ¥1500 |
| 人類の起原 | レシェトフ／金光不二夫訳 | ¥3000 |
| 非政治的人間の政治論 | H.リード／増野，山内訳 | ¥ 850 |
| マルクス主義と民主主義の伝統 | A.ランディー／藤野渉訳 | ¥1200 |
| 労働の歴史〈棍棒からオートメーションへ〉 | J.クチンスキー，良知，小川共著 | ¥1900 |
| ヒュマニズムと芸術の哲学 | T.E.ヒューム／長谷川鉱平訳 | ¥2200 |
| 人類社会の形成（上・下） | セミョーノフ／中島，中村，井上訳 | 上 品 切<br>下 ¥2800 |
| 認識の分析 | E.マッハ／広松，加藤編訳 | ¥1900 |
| 国家・経済・文学〈マルクス主義の原理と新しい論点〉 | J.クチンスキー／宇佐美誠次郎訳 | ¥ 850 |
| ホワイトヘッド教育論 | 久保田信之訳 | ¥1800 |
| 現代世界と精神〈ヴァレリィの文明批評〉 | P.ルーラン／江口幹訳 | ¥980 |
| 葛藤としての病〈精神身体医学的考察〉 | A.ミッチャーリヒ／中野，白滝訳 | ¥1500 |
| 心身症〈葛藤としての病 2〉 | A.ミッチャーリヒ／中野，大西，奥村訳 | ¥1500 |
| 資本論成立史（全 4 分冊） | R.ロスドルスキー／時永，平林，安田他訳 | (1)¥1200<br>(2)¥1200<br>(3)¥1200<br>(4)¥1400 |
| アメリカ神話への挑戦（I・II） | T.クリストフェル他編／宇野，玉野井他訳 | I ¥1600<br>II ¥1800 |
| ユダヤ人と資本主義 | A.レオン／波田節夫訳 | ¥2800 |
| スペイン精神史序説 | M.ピダル／佐々木孝訳 | ¥2200 |
| マルクスの生涯と思想 | J.ルイス／玉井，堀場，松井訳 | ¥2000 |
| 美学入門 | E.スリヨ／古田，池部訳 | ¥1800 |
| デーモン考 | R.M.=シュテルンベルク／木戸三良訳 | ¥1800 |
| 政治的人間〈人間の政治学への序論〉 | E.モラン／古田幸男訳 | ¥1200 |
| 戦争論〈われわれの内にひそむ女神ベローナ〉 | R.カイヨワ／秋枝茂夫訳 | ¥2900 |
| 新しい芸術精神〈空間と光と時間の力学〉 | N.シェフェール／渡辺淳訳 | ¥1200 |
| カリフォルニア日記〈ひとつの文化革命〉 | E.モラン／林瑞枝訳 | ¥2400 |
| 論理学の哲学 | H.パットナム／米盛，藤川訳 | ¥1300 |
| 労働運動の理論 | S.パールマン／松井七郎訳 | ¥2400 |
| 哲学の中心問題 | A.J.エイヤー／竹尾治一郎訳 | ¥3500 |
| 共産党宣言小史 | H.J.ラスキ／山村喬訳 | ¥980 |
| 自己批評〈スターリニズムと知識人〉 | E.モラン／宇波彰訳 | ¥2000 |
| スター | E.モラン／渡辺，山崎訳 | ¥1800 |
| 革命と哲学〈フランス革命とフィヒテの本源的哲学〉 | M.ブール／藤野，小栗，福吉訳 | ¥1300 |
| フランス革命の哲学 | B.グレトゥイゼン／井上尭裕訳 | ¥2400 |
| 意志と偶然〈ドリエージュとの対話〉 | P.ブーレーズ／店村新次訳 | ¥2500 |
| 現代哲学の主潮流（全 5 分冊） | W.シュテークミュラー／中埜，竹尾監修 | (1)¥4300<br>(2)¥4200<br>(3)¥6000<br>(4)¥3300<br>(5)¥7300 |
| 現代アラビア〈石油王国とその周辺〉 | F.ハリデー／岩永，菊地，伏見訳 | ¥2800 |
| マックス・ウェーバーの社会科学論 | W.G.ランシマン／湯川新訳 | ¥1600 |
| フロイトの美学〈芸術と精神分析〉 | J.J.スペクター／秋山，小山，西川訳 | ¥2400 |
| サラリーマン〈ワイマル共和国の黄昏〉 | S.クラカウアー／神崎巌訳 | ¥1700 |
| 攻撃する人間 | A.ミッチャーリヒ／竹内豊治訳 | ¥ 900 |
| 宗教と宗教批判 | L.セーヴ他／大津，石田訳 | ¥2500 |
| キリスト教の悲惨 | J.カール／高尾利数訳 | ¥1600 |
| 時代精神（I・II） | E.モラン／宇波彰訳 | I 品 切<br>II ¥2500 |
| 囚人組合の出現 | M.フィッツジェラルド／長谷川健三郎訳 | ¥2000 |

| | | |
|---|---|---|
| スミス，マルクスおよび現代 | R.L.ミーク／時永淑訳 | ¥3500 |
| 愛と真実〈現象学的精神療法への道〉 | P.ローマス／鈴木二郎訳 | ¥1600 |
| 弁証法的唯物論と医学 | ゲ・ツァレゴロドツェフ／木下，仲本訳 | ¥3800 |
| イラン〈独裁と経済発展〉 | F.ハリデー／岩永，菊地，伏見訳 | ¥2800 |
| 競争と集中〈経済・環境・科学〉 | T.プラーガー／島田稔夫訳 | ¥2500 |
| 抽象芸術と不条理文学 | L.コフラー／石井扶桑雄訳 | ¥2400 |
| プルードンの社会学 | P.アンサール／斉藤悦則訳 | ¥2500 |
| ウィトゲンシュタイン | A.ケニー／野本和幸訳 | ¥3200 |
| ヘーゲルとプロイセン国家 | R.ホッチェヴァール／寿福真美訳 | ¥2500 |
| 労働の社会心理 | M.アージル／白水，奥山訳 | ¥1900 |
| マルクスのマルクス主義 | J.ルイス／玉井，渡辺，堀場訳 | ¥2900 |
| 人間の復権をもとめて | M.デュフレンヌ／山縣熙訳 | ¥2800 |
| 映画の言語 | R.ホイッタカー／池田，横川訳 | ¥1600 |
| 食料獲得の技術誌 | W.H.オズワルド／加藤，禿訳 | ¥2500 |
| モーツァルトとフリーメーソン | K.トムソン／湯川，田口訳 | ¥3000 |
| 音楽と中産階級〈演奏会の社会史〉 | W.ウェーバー／城戸朋子訳 | ¥3300 |
| 書物の哲学 | P.クローデル／三嶋睦子訳 | ¥1600 |
| ベルリンのヘーゲル | J.ドント／花田圭介監訳，杉山吉弘訳 | ¥2900 |
| 福祉国家への歩み | M.ブルース／秋田成就訳 | ¥4800 |
| ロボット症人間 | L.ヤブロンスキー／北川，樋口訳 | ¥1800 |
| 合理的思考のすすめ | P.T.ギーチ／西勝忠男訳 | ¥2000 |
| カフカ=コロキウム | C.ダヴィッド編／円子修平，他訳 | ¥2500 |
| 図形と文化 | D.ペドウ／磯田浩訳 | ¥2800 |
| 映画と現実 | R.アーメス／瓜生忠夫，他訳／清水晶監修 | ¥3000 |
| 資本論と現代資本主義（I・II） | A.カトラー，他／岡崎，塩谷，時永訳 | I 品切<br>II ¥3500 |
| 資本論体系成立史 | W.シュヴァルツ／時永，大山訳 | ¥4500 |
| ソ連の本質〈全体主義的複合体と新たな帝国〉 | E.モラン／田中正人訳 | ¥2400 |
| ブレヒトの思い出 | ベンヤミン他／中村，神崎，越部，大島訳 | ¥2800 |
| ジラールと悪の問題 | ドゥギー，デュピュイ編／古田，秋枝，小池訳 | ¥3800 |
| ジェノサイド〈20世紀におけるその現実〉 | L.クーパー／高尾利数訳 | ¥2900 |
| シングル・レンズ〈単式顕微鏡の歴史〉 | B.J.フォード／伊藤智夫訳 | ¥2400 |
| 希望の心理学〈そのパラドキシカルアプローチ〉 | P.ワツラウィック／長谷川啓三訳 | ¥1600 |
| フロイト | R.ジャカール／福本修訳 | ¥1400 |
| 社会学思想の系譜 | J.H.アブラハム／安江，小林，樋口訳 | ¥2000 |
| 生物学における ランダムウォーク | H.C.バーグ／寺本，佐藤訳 | ¥1600 |
| フランス文学とスポーツ〈1870～1970〉 | P.シャールトン／三好郁朗訳 | ¥2800 |
| アイロニーの効用〈『資本論』の文学的構造〉 | R.P.ウルフ／竹田茂夫訳 | ¥1600 |
| 社会の労働者階級の状態 | J.バートン／真実一男訳 | ¥2000 |
| 資本論を理解する〈マルクスの経済理論〉 | D.K.フォーリー／竹田，原訳 | ¥2800 |
| 買い物の社会史 | M.ハリスン／工藤政司訳 | ¥2000 |
| 中世社会の構造 | C.ブルック／松田隆美訳 | ¥1800 |
| ジャズ〈熱い混血の音楽〉 | W.サージェント／湯川新訳 | ¥2800 |
| 地球の誕生 | D.E.フィッシャー／中島竜三訳 | ¥2900 |
| トプカプ宮殿の光と影 | N.M.ペンザー／岩永博訳 | ¥3800 |
| テレビ視聴の構造〈多メディア時代の「受け手」像〉 | P.バーワイズ他／田中，伊藤，小林訳 | ¥3300 |
| 夫婦関係の精神分析 | J.ヴィリィ／中野，奥村訳 | ¥3300 |
| 夫婦関係の治療 | J.ヴィリィ／奥村満佐子訳 | ¥4000 |
| ラディカル・ユートピア〈価値をめぐる議論の思想と方法〉 | A.ヘラー／小箕俊介訳 | ¥2400 |

| | | |
|---|---|---|
| 十九世紀パリの売春 | パラン=デュシャトレ／A.コルバン編<br>小杉隆芳訳 | ¥2500 |
| 変化の原理〈問題の形成と解決〉 | P.ワツラウィック他／長谷川啓三訳 | ¥2200 |
| デザイン論〈ミッシャ・ブラックの世界〉 | A.ブレイク編／中山修一訳 | ¥2900 |
| 時間の文化史〈時間と空間の文化／上巻〉 | S.カーン／浅野敏夫訳 | ¥2300 |
| 空間の文化史〈時間と空間の文化／下巻〉 | S.カーン／浅野，久郷訳 | ¥3400 |
| 小独裁者たち〈両大戦間期の東欧における民主主義体制の崩壊〉 | A.ポロンスキ／羽場久浘子監訳 | ¥2900 |
| 狼狽する資本主義 | A.コッタ／斉藤日出治訳 | ¥1400 |
| バベルの塔〈ドイツ民主共和国の思い出〉 | H.マイヤー／宇京早苗訳 | ¥2700 |
| 音楽祭の社会史〈ザルツブルク・フェスティヴァル〉 | S.ギャラップ／城戸朋子，小木曾俊夫訳 | ¥3800 |
| 時間 その性質 | G.J.ウィットロウ／柳瀬睦男，熊倉功二訳 | ¥1900 |
| 差異の文化のために | L.イリガライ／浜名優美訳 | ¥1600 |
| よいは悪い | P.ワツラウィック／佐藤愛監修，小岡礼子訳 | ¥1600 |
| チャーチル | R.ペイン／佐藤亮一訳 | ¥2900 |
| シュミットとシュトラウス | H.マイアー／栗原，滝口訳 | ¥2000 |
| 結社の時代〈19世紀アメリカの秘密儀礼〉 | M.C.カーンズ／野崎嘉信訳 | ¥3800 |
| 数奇なる奴隷の半生 | F.ダグラス／岡田誠一訳 | ¥1900 |
| チャーティストたちの肖像 | G.D.H.コール／古賀，岡本，増島訳 | ¥5800 |
| カンザス・シティ・ジャズ〈ビバップの由来〉 | R.ラッセル／湯川新訳 | ¥4700 |
| 台所の文化史 | M.ハリスン／小林祐子訳 | ¥2900 |
| コペルニクスも変えなかったこと | H.ラボリ／川中子，並木訳 | ¥2000 |
| 祖父チャーチルと私〈若き冒険の日々〉 | W.S.チャーチル／佐藤佐智子訳 | ¥3800 |
| エロスと精気《エネルギー》〈性愛術指南〉 | J.N.パウエル／浅野敏夫訳 | ¥1900 |
| 有閑階級の女性たち | B.G.スミス／井上，飯泉訳 | ¥3500 |
| 秘境アラビア探検史（上・下） | R.H.キールナン／岩永博訳 | 上¥2800<br>下¥2900 |
| 動物への配慮 | J.ターナー／斎藤九一訳 | ¥2900 |
| 年齢意識の社会学 | H.P.チュダコフ／工藤，藤田訳 | ¥3400 |
| 観光のまなざし | J.アーリ／加太宏邦訳 | ¥3200 |
| 同性愛の百年間〈ギリシア的愛について〉 | D.M.ハルプリン／石塚浩司訳 | ¥3800 |
| 古代エジプトの遊びとスポーツ | W.デッカー／津山拓也訳 | ¥2700 |
| エイジズム〈優遇と偏見・差別〉 | E.B.パルモア／奥山，秋葉，片多，松村訳 | ¥3200 |
| 人生の意味〈価値の創造〉 | I.シンガー／工藤政司訳 | ¥1700 |
| 愛の知恵 | A.フィンケルクロート／磯本，中嶋訳 | ¥1800 |
| 魔女・産婆・看護婦 | B.エーレンライク，他／長瀬久子訳 | ¥2200 |
| 子どもの描画心理学 | G.V.トーマス，A.M.J.シルク／中川作一監訳 | ¥2400 |
| 中国との再会〈1954—1994年の経験〉 | H.マイヤー／青木隆嘉訳 | ¥1500 |
| 初期のジャズ〈その根源と音楽的発展〉 | G.シューラー／湯川新訳 | ¥5800 |
| 歴史を変えた病 | F.F.カートライト／倉俣，小林訳 | ¥2900 |
| オリエント漂泊〈ヘスター・スタノップの生涯〉 | J.ハズリップ／田隅恒生訳 | ¥3800 |
| 明治日本とイギリス | O.チェックランド／杉山・玉置訳 | ¥4300 |
| 母の刻印〈イオカステーの子供たち〉 | C.オリヴィエ／大谷尚文訳 | ¥2700 |
| ホモセクシュアルとは | L.ベルサーニ／船倉正憲訳 | ¥2300 |
| 自己意識とイロニー | M.ヴァルザー／洲崎惠三訳 | ¥2800 |
| アルコール中毒の歴史 | J.-C.スールニア／本多文彦監訳 | ¥3800 |
| 音楽と病 | J.オシエー／菅野弘久訳 | ¥3400 |
| 中世のカリスマたち | N.F.キャンター／藤田永祐訳 | ¥2900 |
| 幻想の起源 | J.ラプランシュ，J.-B.ポンタリス／福本修訳 | ¥1300 |
| 人種差別 | A.メンミ／菊地，白井訳 | ¥2300 |
| ヴァイキング・サガ | R.プェルトナー／木村寿夫訳 | ¥3300 |